戸数割規則正義
【大正11年 増補4版】

田中廣太郎 校
近藤行太郎 著

地方自治法研究
復刊大系〔第二四七巻〕

戸数割規則正義

〔大正十一年 増補四版〕

日本立法資料全集 別巻 1057

信山社

[redacted]

内務事務官　田中廣太郎校
内務省地方局　近藤行太郎著

戸数割規則正義

東京　良書普及會刊

內務事務官　田中廣太郎校
內務省地方局　近藤行太郎著

戶數割規則正義

東京
良書普及會刊

自序

明治初年以來ノ懸案タリシ戸數割規則ハ時運ノ要求ニ應シテ制定セラレ近ク之カ實施ヲ見ムトス蓋シ此ノ規則ノ使命ハ積弊ヲ一掃シ各人ノ權義ヲ明ニシ負擔ノ公正ヲ得シメ以テ地方財政ノ根基ヲ益〻安固ナラシムルハ固ヨリ市町村階級選擧制ノ改正ト相俟テ圓滿平穩ナル政治ヲ行ヒ地方自治ノ振興ニ資セムトスルニ在リ從テ此ノ規則ノ運用如何ハ地方自治行政上極メテ重要ノコトタリ余地方自治事務ニ從事シ其ノ運用ニ付キ攻究ヲ爲スノ責務アルヲ信シ病間ニ研究セシ處ヲ隨筆セシニ河中氏ノ勸ムルアリ之ヲ刊行スルニ至レリ若夫レ實際運用ノ局ニ當ラルル諸士ノ參考ニ資スルヲ得ハ眞ニ欣幸ニ堪ヘサル

ナリ然レトモ淺學菲才加フルニ地方ノ實情ニ通セス研究ノ足ラサル記述ノ備ハラサル誠ニ慚愧ニ堪ヘス今後尙攻究ヲ怠ラス他日補正ヲ爲サムコトヲ期ス讀者各位之ヲ諒セラレ實地ノ問題ヲ寄與セラレ研究ノ歩ヲ進ムルノ便宜ヲ得シメラレムコトヲ特ニ懇請スル所以ナリ

紀元二千五百八十二年大正十一年三月一日

著者識

戸數割規則正義

目次

戸數割規則正義

近藤行太郎著

第一章　緒言

本邦ニ特有ノ戸數割ハ地方財政上如何ナル地位ヲ占ムルカ之ヲ觀察スルニ府縣ノ財源トシテ重要ナルモノナリ然レトモ町村ニ於ケルカ如ク偉大ナルモノニアラス最近ノ事實ニ徵スルニ大正十年度ノ府縣ノ稅收入豫算一億九千六百九十二萬餘圓中戸數割ハ三千九百八十四萬餘圓ニシテ稅收入ノ約二割ニ當リ全國ノ一戸平均賦課額五圓八錢九厘ナリ市區ノ大正十年度稅收入豫算八千二百二十九萬餘圓戸數割附加稅ハ六百八十九萬餘圓ニシテ稅收入ノ八分三厘ニ當リ全國市區ノ一戸平均賦課額ハ十二圓七十八錢五厘ナリ町村ノ大正十年度稅收入豫算二億五千三百三十萬圓中戸數割附加稅ハ一億六千

六百五十三萬餘圓ニシテ稅收入ノ六割五分强ニ當リ全國町村ノ一戸平均賦課額ハ二十二圓二錢四厘ナリ此ノ如キ狀況ニシテ戸數割附加稅ハ町村ノ財政上非常ニ重キ地位ヲ占ムルモノナリ然ルニ戸數割ヲ各市區町村ニ配當シ更ニ之ヲ市區町村ニ於テ各納稅義務者ニ賦課スル標準ハ之ヲ設定スルモノアルモ不適當ニシテ各人ノ負擔ニ不公平ナル結果ヲ見ルコトアルノミナラス等級設定ノ際手加減ヲ加ヘ一部ノ階級者カ負擔ノ輕減ヲ計リ或ハ之ヲ政爭ノ具ニ供スル等延テ町村治ノ圓滿ヲ見ルヲ得サル等種々ノ弊害アリ戸數割制度ノ改善ハ地方財政上最モ重要ノ一問題ナリキ

戸數割ハ右ニ述フルカ如ク地方財政上重要ナル地位ヲ占ムルニモ拘ハラス其稅制ハ明治十三年太政官布告第十六號ヲ以テ改正シタル地方稅規則第一條ノ規定アルノミニテ戸數割ノ課稅標準及賦課徵收ノ方法ヲ規定セルモノ無シ爲ニ戸數割ノ本質ノ如キモ解釋ニ一任セル結果主務省ト行政裁判所ト見解ヲ異ニシ訴願訴訟頻出シ其底止スル所ヲ知ラス又賦課ノ方法ハ各府縣トモ市町村ニ配賦スルコトト爲セトモ其ノ標準區々ニ

シテ均一的ニ戸數ニ按分スルモノモ少ナカラス而シテ市町村カ納稅義務者ノ賦課額ヲ定ムルニハ市町村會ノ見立ニ依ルモノ多シ元來見立割ナルモノハ其長所無キニアラサルモ客觀的ノ標準無キヲ以テ往々賦課等級ノ不適當ナルモノアルヲ免レス左レトモ納稅義務者ハ其ノ不當ヲ主張シテ賦課等級ノ變更ヲ求ムルコトヲ得ス此ノ如キハ各人ノ利益ヲ保護スルノ途ヲ缺クモノニシテ立憲政實施後三十餘年ヲ經ルノ今日甚タ遺憾ノコトナリト謂ハサルヲ得ス特ニ町村ニ於ケル戸數割附加稅ノ增加ハ著シクシテ明治四十一年度ヨリ大正十年度迄ノ間ニ約四倍ニ達シ或ル村ノ如キハ一戸平均額百圓以上ニ達セリ斯ル趨勢ナルヲ以テ課稅ノ公正ヲ得ヘキ樣最モ注意ヲ要スルニモ拘ラス地方ノ實況ハ上流資產家ノ負擔輕クシテ下流無產者ノ負擔重ク又ハ中產階級者ノ負擔著シク重キ傾向アリ戸數割制度ノ整備ハ急要ナル問題ナルヲ以テ第四十四議會ニ於テ市制町村制中改正法律案ノ審議ニ際シ殊ニ貴族院ニ於テ等級選擧制ヲ改正スルニハ戸數割制度ノ制定ヲ急要ナリトスル意見續出シ政府ハ該制度ヲ近ク制定スヘク言明シタリ而シ

テ府縣税戸數割規則ハ大正十年十月十一日勅令第四百二十二號ヲ以テ公布セラレ大正十一年度分ヨリ之ヲ施行スルコトト爲レリ

日本臣民ハ法律ノ定ムル所ニ從ヒ納税ノ義務ヲ有ストハ帝國憲法第二十一條ノ規定スル所ニシテ納税義務ノ範圍竝ニ賦課徴收ノ方法ハ總テ法律ノ規定ニ依ルヘキモノナリ府縣税ノ納税義務ニ關シテハ府縣制第百四條乃至第百八條ニ之ヲ規定セルモ税種及賦課徴收ニ關シテハ府縣制第百三條第一項ニ「府縣税及其賦課徴收ニ關シテハ法律ニ規定アルモノヲ除ク外勅令ノ定ムル所ニ依ル」ト規定シ尙ホ府縣制第百四十一條ハ「明治二十三年法律第八十八號府縣税徴收法及地方税ニ關スル從前ノ規定ハ此ノ法律ニ依リ變更シタルモノヲ除ク外勅令ヲ以テ別段ノ規定ヲ設クルマテ其ノ效力ヲ有ス」ト規定シ府縣税ニ關シテハ勅令ヲ以テ別段ノ規定ヲ設クルコトヲ認メタリ戸數割規則ハ府縣制第百三條及第百四十一條ノ規定ニ根據シテ勅令ヲ以テ制定セラレタルナリ戸數割規則ハ其ノ條數十六箇條ニ過キサルモ納税義務者、課税ノ標準、配當ノ方法其ノ他賦課ノ方法及課税ノ制限ヲ規定シ尙ホ賦課ノ標準ハ所得額ヲ以テ主要ノモノト定メ從前ノ戶數割ニ改造ヲ試ミタルモノニシテ戶數割ノ稅制ハ玆ニ始テ其ノ整全ヲ見ルニ至レルナリ

稅制ノ整全ハ之ニ依リテ積弊ヲ一掃シ各人ノ權義ヲ明確ニシ負擔ノ公正ヲ保持シ地方財源ノ安固ヲ圖リ地方自治ノ圓滿ナル發達ヲ期スルニ在リト雖豫期ノ效果ヲ收メ地方自治ノ整善ヲ致サムコトハ一ニ稅制ヲ實地ニ運用スルコトノ良否ニ懸ルモノニシテ實ニ運用ノ如何ハ地方行政上重要ノ事ニ屬スルヲ以テ此ノ規則ノ運用ニ關與スル者ハ吏員タルト議員タルトヲ問ハス規則ノ精神ヲ充分理解シテ公平無私而カモ眞面目ニ處理スルノ覺悟アルコトヲ要スルモノナリ

抑モ租稅ノ分配ハ給付能力ニ應シテ爲スヘキモノニシテ學者ノ所謂給付能力ノ原則ニ根據セサルヘカラス租稅カ給付能力ニ應シテ分配サルヘキコトハ租稅カ正義ニ從テ分配セラルヘキノ謂ニシテ其正義ニ從フコトヲ要スルハ一般政治ニ於テ正義ニ從フ

ヲ要スルコトノ一ノ適用ニ外ナラス凡ソ人ニハ正義ノ觀念アリ公正ナル政治ノ行ハルルニ於テ各人ハ滿足シ安堵シ玆ニ圓滿平穩ナル政治ハ實現シ得ヘシ若然ラサルニ於テハ不平不滿ハ所在ニ勃發シ政治上ノ困難ヲ釀スヲ免レス租稅ノ分配ニ付テモ亦同理ナリ而シテ租稅ノ分配ニ付テノ正義觀ハ時勢ニ依リテ變化アリ嘗テハ交換說行ハレ又利益說認メラレ卽チ利益說トハ租稅ハ各人カ統治團體ヨリ受益ノ程度ニ應シテ賦課セラルヘシト爲スニアリシモ今日ハ寧ロ人ノ給付能力ニ應シテ公平ナル負擔ヲ課スヘシトセラルルニ至レリ

地方公共團體ノ課稅ニ付テモ特殊ノ場合ヲ除ク外ハ各人ノ給付能力ニ應シテ公平ナル負擔ヲ課スヘキモノニシテ府縣稅戸數割ノ賦課モ給付能力ノ原則ニ據ルヘキハ勿論ノコトナリ而シテ戸數割規則ニ於テ配當標準及課稅標準ヲ統一的ニ定メタルハ給付能力ノ原則ニ依據スルモノト云フヲ得ヘク卽チ其終局ノ目的ハ公平ナル負擔ヲ課スルニ存ス然ルニ配當標準及課稅標準ノ數額ヲ調査決定スル者深甚ナル注意ヲ拂ハス若標準

額ノ量定ニシテ不適當ナルトキ就中所得額ノ決定不當ナルトキハ負擔ノ公平ヲ缺クノ結果ヲ生シ從前見立割ヲ爲セシ當時ト相擇フ所無キニ至ルヘシ此ノ如キハ戶數割規則制定ノ目的ヲシテ畫餅ニ歸セシムルモノニ外ナラス故ニ此ノ規則ノ運用ハ細心ノ留意ヲ怠ルヘカラサルノコトナリ

戶數割賦課ノ等級ハ課稅ノ標準タルニ止マラス納稅義務者ノ資力ヲ表現スルモノナリトシ從來郡町村ニ於テハ寄附ノ出捐ヲ始メ冠婚葬祭其他社交上ニモ之ヲ應用スル慣行アリテ等差ノ決定ハ常ニ重要視セラレタル所ナリ又町村ニ於テ納稅成績ヲ良好ナラシメ自治事務ノ整善ヲ期セルモノハ常ニ戶數割等級ノ查定ニ深ク意ヲ須ヒタルノ例ニシテ內務省カ優良村トシテ選奬シタル三重縣阿山郡玉瀧村ノ事績ニハ左ノ記述アリ以テ他山ノ石ト爲スヘキナリ

租稅ノ賦課ニ付テハ常ニ愼重ナル調查ヲ重ネ殊ニ戶數割ノ如キ民衆全般ニ關スルモノハ之カ等級ヲ查定スルニ際シテ三タヒ其ノ意ヲ致シ實地ニ就テ一々確實ナル審查

ヲ遂ケ以テ均衡ノ誤ナカラムコトヲ期セリ随ヒテ査定ニ對シ若不相當ト認メタルモノアルトキハ直ニ其ノ事由ヲ申告セシムル納税成績ノ極メテ優良ナルモノ蓋シ偶然ニアラスト謂ツヘキナリ

要スルニ戸數割規則ハ社會ノ實情ニ適應スヘク活用スルニ依リテ益々其效果ヲ發揮シ得ヘシ徒ラニ形式ニ拘泥セス實質ニ重キヲ置キ給付能力ニ應シタル公正ノ負擔ヲ為サシメ各人ヲシテ滿足セシメ安堵セシメ些ノ不平不滿ナキヲ得セシメ以テ地方行政ノ圓滿且平穏ナルコトヲ得セシムルヲ期スヘキナリ

第二章　本　論

戸數割規則

（關係法令）

地方稅規則（明治十三年四月八日太政官布告第十六號）

第一條　地方稅ハ左ノ目ニ從ヒ徴收ス

一　（地租三分一以内）（明治十三年第四十八號布告ヲ以テ本項改正）

一　營業稅竝雜種稅

一　戸數割

府縣稅家屋稅ニ關スル件（明治三十二年六月十七日勅令第二百七十六號）

府縣知事ハ府縣會ノ議決ヲ經テ其ノ府縣ノ全部若ハ一部ノ地ニ於ケル家屋ニ對シ家屋稅ヲ賦課

スルコトヲ得但シ家屋税賦課ノ地ニ於テハ戸數割ヲ賦課スルコトヲ得ス（大正元年十一月勅令第四十七號ヲ以テ改正）

附　則

本令ハ明治三十二年七月一日ヨリ之ヲ施行ス

府縣制（明治三十二年三月十五日法律第六十四號）

第百四十一條（明治二十三年法律第八十八號府縣税徴收法及）地方税ニ關スル從前ノ規定ハ此ノ法律ニ依リ變更セラレタルモノヲ除ク外勅令ヲ以テ別段ノ規定ヲ設クルマテ其ノ效力ヲ有ス

北海道地方費法（明治三十四年三月二十七日法律第三號）

第六條　戸數割ハ北海道移住民ニシテ主トシテ耕作又ハ牧畜ノ事業ニ引續キ從事シ移住ノ日ヨリ三年ヲ經過セサル者ニハ之ヲ賦課セス

戸數割ニ關シテハ府縣制第百四十一條ノ規定ニ依リ效力ヲ有スル明治十三年四月太政官布告第十六號地方税規則第一條ノ外ニ明治三十二年勅令第二百七十六號家屋税ヲ賦課スル地ニ於テハ戸數割ヲ賦課スルコトヲ得サル旨ノ規定存セシノミナリシ

カ大正十年勅令第四百二十二號府縣稅戶數割規則ノ公布ニ依リテ戶數割稅制ノ整全ヲ見ルニ至リタルハ前ニ述ヘタルカ如シ而シテ明治四十五年內務省告示第四十三號ハ府縣稅戶數割ヲ市制町村制ニ於ケル直接稅ト指定シ市町村ハ其附加稅ヲ徵收シ得ルノミナラス戶數割規則ハ其ノ制限ヲ設定シタルヲ以テ戶數割規則ノ制定ハ市町村ノ財政上ニモ著シキ影響アルモノナリ市町村稅ノ稅目ニ戶別割ト稱スル向アルモ其實戶數割ノ附加稅ニシテ唯其ノ名目ヲ異ニスルニ過キス又府縣稅戶數割ニ關スル規定ハ明治三十四年法律第三號北海道地方費法第二條ノ規定ニ依リ北海道ニ準用アルモノナルコトヲ注意スヘシ

【行政判例】

○國稅府縣稅ノ附加稅ニ付テハ町村制ニ特別ノ目ヲ定メタルモノナキヲ以テ地價割又ハ營業割ノ名目ヲ以テ地租又ハ縣稅雜種稅ノ附加稅ヲ課スルモ違法ニアラス（四十五年一三九號元年十二月六日宣告）

第一欵　戸數割ノ納税義務者

第一條　戸數割ハ一戸ヲ搆フル者ニ之ヲ賦課ス
2戸數割ハ一戸ヲ構ヘサルモ獨立ノ生計ヲ營ム者ニ之ヲ賦課スルコトヲ得

（關係法令）
府縣制第百四條　府縣內ニ住所ヲ有スル者ハ府縣税ヲ納ムル義務ヲ負フ
同第百五條　三箇月以上府縣內ニ滯在スル者ハ其ノ滯在ノ初ニ遡リ府縣税ヲ納ムル義務ヲ負フ

本條ハ戸數割ノ納税義務者ヲ定メタル規定ナリ戸數割ノ納税義務者ニ付キテハ府縣制及地方税ニ關スル從前ノ規定中之ヲ明定シタルモノ無ク唯明治十三年內務省申牒地方税規則備考ニ於テ公權的解釋ヲ爲シタルモノアルノミ之ニ依レハ「戸數割ハ本籍寄留ト戸主非戸主トヲ問ハス毎戸現住者ニ賦課スルモノトス凡ソ同居スルト否サルトヲ問ハス竈ヲ異ニシ居ヲ占ムルモノハ皆一戸ノ定額ヲ賦課スヘキモノ云々」トアリテ戸

數割ハ一戸ヲ構フル者ニ課スト云フニアルモ共一戸ヲ構フル者トハ如何ナル生活狀態ヲ指スモノナリヤ解釋區々ニシテ事實ノ認定困難ナルノミナラス行政裁判所ト主務省トノ意見一致セス即裁判所ハ戸數割ノ客體ハ構戸ニシテ構戸トハ通俗ニ所謂家又ハ世帶ヲ持ツノ謂ナリト解スヘク家又ハ世帶ヲ持ツトハ家事經濟ヲ營ムコトヲ意味スルカ故ニ獨立ノ生計ヲ營マサルモ一時的ニアラス獨立ノ住居ヲ占メ又ハ獨立ノ住居ヲ占メサルモ自ラ炊爨ヲ爲ス者ノ如キハ概ネ戸ヲ構フル者ト認ムヘク之ニ反シ獨立ノ生計ヲ營ムモ他人ノ家ニ寄宿シ食事ノ供給ヲ受クル者ハ戸ヲ構フル者ニアラスト謂ハサルヘカラスト判示セルモ今日ノ社會生活ノ狀態ヨリ觀レハ自ラ炊爨ヲ營マサルモ獨立ノ生計ヲ營ム者ニハ課税スルコト負擔衡平ノ原則ニ適合スヘキモ地方税規則制定及其改正建議案ニ關スル元老院ノ議事ノ狀況竝地方税規則備考ニ「竈ヲ異ニシテ居ヲ占ム」トアル等ニ由レハ戸數割ハ炊爨ノ主體ニ課スルニアリシモノト解スルヲ以テ立法當時ノ精神ナリト認メサルヲ得ス又「一戸ヲ構フ」トハ明治四十四年改正前ノ市制町村制ノ公民

資格要件ノ一トシテ採用シタルモノニシテ必スシモ一家屋ヲ構ヘ住スト云フカ如キ形式ノ意ニアラサルコトハ我市制町村制ノ母法タル普國市制町村制ノ公民ニ關スル規定ニ徵スルモ疑ナキ所ナレトモ實際ノ取扱ニ於テハ主務省ト行政裁判所ト意見ヲ異ニシ不便少ナカラサルヲ以テ改正市制町村制ニ於テハ特ニ獨立ノ生計ト稱シ實質的資格ニ依ルヘキモノト爲シタリ公民權要件ノ「一戸ヲ構フ」ハ戸數割ヲ課スヘキ「一戸ヲ構フ」ト同義ナリト云ヒ得ストスルモ本條ニ戸數割ノ納稅義務者ヲ規定スルニ當リ從來ノ不備ヲ補足シ且負擔衡平ノ原則ニ適合セシムルノ趣旨ヲ以テ一戸ヲ構フル者ハ勿論一戸ヲ構ヘサルモ獨立ノ生計ヲ營ム者ニハ戸數割ヲ賦課スルコトヲ得ルモノト定メタルナリ

第一項　戸數割ハ原則トシテ一戸ヲ構フル者ニ之ヲ賦課スト定ム『一戸ヲ構フル者』トハ經濟生活ノ單位タル戸ヲ指シ世帶ヲ持ツ者ノ意ニシテ獨立ノ生計ヲ營ム以上ハ自ラ炊爨ヲ爲ササル者モ之ニ包含スト解セラレサルニアラサルモ獨立ノ生計ヲ營ム者ニ

關シテハ特ニ第二項ノ規定ヲ設ケタル趣旨ヨリ見レハ所謂『戶ヲ構フ』ニハ自ラ炊爨ヲ營ムコトヲ要件ト爲シ獨立ノ生計ヲ營ムヤ否ヤハ關係ナキモノナリト解スヘキナリ而シテ府縣ニ於テ戶數割ヲ賦課スルトキハ一戶ヲ構フル者ハ本項ノ規定ニ依リ當然共ノ賦課ヲ受クヘキモノニシテ府縣ニ於テ本項ニ異リタル規定ヲ設クルヲ得サルナリ

第二項 本項ハ第一項ニ對スル例外規定ニシテ一戶ヲ構ヘサルモ獨立ノ生計ヲ營ム者ニハ戶數割ヲ賦課スルコトヲ得シムル規定ナリ「獨立ノ生計ヲ營ム者」トハ市制町村制ノ公民資格ノ要件タル「獨立ノ生計ヲ營ム者」ト同義ニシテ卽チ獨立ノ生計ヲ營ムトハ自己ノ經濟ニ於テ生計ヲ維持スルノ意ナリ自己ノ經濟トハ收支計算ノ利害カ自己ニ歸スルノ狀態ニアルヲ謂フ其狀態ニ在ルノ事實アラハ戶主タルト非戶主タルト又他家ニ同居同炊スルト下宿屋ニ寄寓スルトヲ問ハス將又父子一家ニ同居スルトニ拘ハラス獨立ノ生計者タルヲ失ハス反之家族ハ別居スルモ其ノ收支計算ノ利害カ直接戶主ニ歸スルノ狀態ニ在ルトキハ家族ハ獨立ノ生計ヲ營ム者ナリト云フヲ得ス市制第九條町

村制第七條ニ所謂「獨立ノ生計ヲ營ム者」ノ意義ニ付テ行政實例ハ「現實ニ自己ノ經濟ニ於テ生計ヲ維持スルノ事實アルコトヲ要スルモ獨立ノ生計ヲ營ムニ足ル資力ヲ有スルモノハ之ヲ獨立ノ生計ヲ營ムモノト推定スルヲ相當トス之レ固ヨリ推定ニ止マルヲ以テ現實ニ自己ノ經濟ニ於テ生計ヲ維持スルモノニ非ストノ反證ヲ擧ケテ此推定ヲ覆スハ固ヨリ支障ナシ（十年四月二十八日決定）」ト爲セリ然ルニ戸數割ニ付キテハ寧ロ戸主ノ方ニ統括シテ課税スルコト税ノ本質ニ適スルモノトナスヘキヲ以テ構戸者タル戸主ト同居スル家族ノ如キ獨立ノ生計ヲ營ムニ足ル資力ヲ有スルモ之ヲ以テ直ニ戸數割ノ納税義務者ト推定スルコトナク卽チ公民權賦與等ノ場合トハ其ノ適用ヲ反對ニシ出來得ル限リ構戸者ノ方ニ纒メテ課税スルコトトシ之ニ洩ルル者ヲ獨立生計者トシテ課税スルコト本則ノ趣旨ナリト解セサルヘカラス而シテ本項ハ「一戸ヲ構ヘサルモ獨立ノ生計ヲ營ム者ニハ戸數割ヲ課スルコトヲ得」ト規定スルヲ以テ府縣ニ於テ之ニ課税スルコトニ定ムルニ依リテ賦課ヲ受クルコトト爲ルモノニシテ構戸者ノ如ク本則

ノ規定ニ依リ當然賦課ヲ受クルモノニアラサルナリ

構戸者ニアラサルモ獨立ノ生計ヲ營ム者ニ戸數割ヲ賦課スト府縣ニ於テ定メタル場合ニ於テ特定ノ者カ獨立ノ生計ヲ營ムヤ否ヤ其ノ事實ヲ認定スルハ實際困難ナル場合アリ而シテ法律上之ヲ認定スルハ賦課ノ處分ヲ爲ス爲ニハ戸數割ノ賦課ヲ爲ス職權ヲ有スル行政廳（府縣知事又ハ其委任ヲ受ケタル市町村長）之ヲ行フヘキモノニシテ關係者ノ申告ノ如キハ行政廳カ認定ヲ爲ス一ノ資料タリ得ルニ過キス又市町村會ニ於テ之ヲ議決スヘキモノニアラス併シ市町村會ハ府縣會ノ議決ニ基キ賦課ノ細目即チ納税義務者ノ資力算定等ニ關シ其者カ獨立ノ生計ヲ有スル者ナリヤ否ヤニ論及スルコトアルヘキモ之ヲ以テ市町村會ニ納税義務者タルコトヲ認定スルノ權アリト斷定スヘカラサルナリ戸數割ノ賦課ヲ受ケタル者カ行政廳ニ於テ獨立ノ生計ヲ營ム者ト認定シテ課税シタルヲ不當ナリト爲ストキハ府縣制第百十五條ノ違法賦課トシテ其取消ヲ求ムルニ付異議ノ申立、訴願、訴訟ヲ遂次提起スルコトヲ得ヘケレハ行政廳ニ於テ獨立ノ生

計ヲ爲ス者ト認定スルニハ愼重ナル調査ヲ遂クルコトヲ要スヘシ

茲ニ注意ヲ要スルハ本條ノ規定ハ府縣稅ノ納稅義務ニ關スル府縣制ノ規定ノ適用ヲ排除スルモノニ非サルコトナリ卽チ戸數割ノ納稅義務者ニ付キテハ先ツ府縣制ノ府縣稅納稅義務者ノ規定（第百四條第百五條）ヲ適用シ次ニ本條ヲ適用シテ納稅義務ヲ有スルヤ否ヤヲ決スヘキモノナリ卽チ府縣內ニ住所ヲ有スルカ又ハ三箇月以上滯在スル者ニシテ本條第一項若ハ第二項ニ該當スルニアラサレハ戸數割ヲ納ムルノ義務ヲ有セス（府縣制第百四條及第百五條參照）從テ府縣內ニ住所ヲ有セス又ハ府縣內ニ滯在スルコト三箇月ニ滿タサル者ニ對シテハ戸數割ヲ賦課スルコトヲ得サルナリ茲ニ所謂住所ハ民法第二十一條ニ規定スル住所ト同義ニシテ生活ノ本據ヲ指スモノナリ府縣內ニ滯在三箇月ニ達スルトキハ滯在ノ初ニ遡リテ課稅シ得ヘキハ府縣制第百五條ノ規定スル所ナリ府縣ノ境界ニ渉リテ郡市町村境界ノ變更アリタルニ依リ府縣ノ境界カ自ラ變更シタル場合其ノ變更地域內ニ滯在シタル者ノ滯在月數ハ新ニ屬シタル府縣ニ於ケル

滯在月數ニ依ルヘキハ勿論ナリ

【行政判例】

○府縣制第百四條及第百五條ハ所定ノ條件ヲ具備セサル者ハ納稅義務ナキコトヲ規定シタルニ止マリ右條件ヲ具備スル以上ハ稅法ニ於テ特ニ定メタル條件ノ有無ヲ問ハス課稅シ得ヘキコトヲ規定シタルモノニアラス（明治四十四年第一七四號四十五年二月二十一日宣告）

從前ノ戶數割納稅義務者ニ關スル最近ノ行政判例

○戶數割ナルモノハ本來戶ヲ基礎トスルモノナレハ一戶ヲ構フル者ニ對スルノ外之ヲ賦課スルヲ得ス（二年一〇四號二年六月十日宣告、二年九六號二年六月二十一日宣告、二年一一〇號二年六月二十二日宣告、二年一一九號一二〇號二年七月八日宣告、二年一一七號二年九月九日宣告、二年一二六號二年九月十八日宣告、三年一六號三年三月十六日宣告、三年四五號三年四月十五日宣告、三年一五九號三年九月十六日宣告、五年二三五號六年二月十四日宣告、六年一一二號六年十月十五日宣告、六年五六號七年四月八日宣告、八年三二號八年四月五日宣告、九年一五號九年二月二十五日宣告）

○住所ノ何レニ在ルヲ問ハス苟モ賦課期日ニ於テ府縣內又ハ町村內ニ一戶ヲ構ヘ三箇月以上居

住スル者ナルニ於テハ之ニ對シ縣稅戸數割又ハ其ノ附加村稅ヲ賦課シ得ルモノトス（四年五五號四年五月二十四日宣告、）

○戸數割ハ構戸ノ事實ヲ基礎トシテ賦課スヘキモノナリ（十年三九號十年五月十一日宣告）

○戸數割ハ構戸ノ事實ヲ基礎トシテ賦課スヘク住所又ハ公民權ノ有無ニ依リ課否ヲ決スヘキモノニアラス（五年一五五號五年十二月二十七日宣告）

○戸數割ハ戸ヲ構フル者ニ對シテ賦課スヘキモノナリ（九年三一號九年三月二十二日宣告、九年一四四號一五一號乃至一五四號九年九月二十八日宣告、九年二一五號九年十二月十六日宣告、十年十三號十年三月三日宣告、十年五六號十年五月五日宣告、十年六五號七一號一七號、十年五月十日及六月九日宣告、十年八四號十年六月二十七日宣告、十年一一二號十年七月二十日宣告、）

○現行地方稅規則所定ノ戸數割ノ客體ハ構戸ニシテ構戸トハ通俗ニ所謂家又ハ世帶ヲ持ツノ謂ナリト解スヘク家又ハ世帶ヲ持ツトハ家事經濟ヲ營ムコトヲ意味スルカ故ニ獨立ノ生計ヲ營マサルモ一時的ニ非ス獨立ノ住居ヲ占メ又ハ獨立ノ住居ヲ占メサルモ自ラ炊爨ヲ爲ス者ノ如キハ概ネ戸ヲ構フルモノト認ムヘク之ニ反シ獨立ノ生計ヲ營ムモ他人ノ家ニ寄宿シ食事ノ供給ヲ受

クル者ハ戸ヲ構フルモノニアラスト謂ハサルヘカラス構戸ノ意義ハ現行地方税規則實施以來變更ナシ（六年一一四號七年三月十五日宣告）

○構戸ノ意義ハ地方税規則實施以來變更ナク獨立ノ生計ヲ營ムコトト同義ニアラス（六年五六號七年四月八日宣告）

○戸數割ノ客體タル構戸ノ意義ハ獨立ノ生計ヲ營ムコトト異ルモノトス（六年六二號、七年四月十二日宣告）

○他村ニ本籍ヲ變更シタル旨ノ屆出ヲ爲スモ引續キ舊住宅ニ於テ家事ヲ經營スル事實アル以上ハ構戸者トシテ戸數割ヲ賦課シタルハ違法ニアラス（五年一二七號六年二月九日宣告）

○縣內ノ村住民タルヤ否ニ拘ラス其ノ縣內ニ構戸ノ事實アル者ハ戸數割ノ賦課ヲ免ルルヲ得ス（五年二三〇號六年六月四日宣告）

○妻ト共ニ父ノ住宅ト板壁ニテ隔離セラレタル家屋ニ起臥シ別ニ竈ヲ設ケテ炊爨ヲ營ミ飲食ヲ爲シ且家屋ノ出入口ニ自己ノ門標ヲ揭ケ居ル者ハ別ニ一戸ヲ構フルモノト謂ハサルヲ得ス（七年一〇八號七年十月二十一日宣告）

○賄料ヲ支拂ヒ他家ニ止宿スルモノハ戸ヲ構フル者ニアラス（六年九六號六年十月一日宣告、七年二二六號二二八號八年一月十七日宣告、九年一三一號九年六月二十八日宣告、九年一〇四號九年七月九日宣告、八年四五一號九年七月十日宣告、九年一五五號、一五六號九年十月一日宣告、九年一七七號九年十月二十一日宣告、九年一四九號、一五〇號九年十月二十二日宣告、九年二一六號九年十二月十三日宣告、九年二一五號九年十二月十六日宣告、十年一三號十年三月三日宣告、十年五一號、六〇號十年四月二十七日宣告、十年四四號十年七月十四日宣告）

○一定ノ賄料ヲ支拂ヒ他人方ニ止宿スル者ハ戸ヲ構フルモノト云フヲ得ス（六年八二號六年七月十六日宣告、六年一四四號六年十二月三日宣告、七年三三號、四〇號七年三月十五日宣告、七年七九號七年五月廿七日宣告、七年一五八號、一五九號、一六四號七年十月二日宣告、七年一七七號七年十月二十一日宣告、九年二一七號十年一月二十九日宣告）

○毎月一定ノ賄料ヲ支拂ヒ他ニ止宿スル者ハ一戸ヲ構フル者ト云フヲ得ス（四年四八號四年五月十二日宣告、八年二六五號八年十月二十三日宣告）

○毎月賄料ヲ支拂ヒ他人方ニ止宿スルモノハ戸ヲ構フル者ニアラス（十年五六號十年五月五日宣

告）

○他人ノ家ニ止宿シ賄料ヲ支辨シテ食事ノ供給ヲ受クル者ハ戸ヲ構フルモノト云フヲ得ス（五年二一三號五年十二月四日宣告、七年五三號七年三月二十二日宣告、六年一六一號七年五月二十九日宣告、九年三號九年六月十九日宣告）

○一定ノ賄料ヲ支拂ヒ他人ノ經營スル寄宿舍ニ宿泊スル者ハ戸ヲ構フルモノニアラス（六年七五號六年七月二日宣告、六年一四二號六年十一月二日宣告、七年一九一號七年十一月六日宣告）

○地人ノ住宅內ニ居住シ賄料ヲ支辨シテ食事ノ供給ヲ受ケ居ル者ニ對シ戸數割ヲ課シタルハ違法ナリ（二年一一七號二年九月九日宣告）

○他人方ニ同居シテ一定ノ賄料ヲ支拂ヒ食事ノ供給ヲ受クル者ハ一戸ヲ構フルモノニアラス（三年二一七號四年二月十九日宣告、四年一號四年二月二十二日宣告、四年五八號四年五月二十四日宣告、六年五六號七年四月九日宣告、六年六二號七年四月十二日宣告）

○他人方ニ止宿シ他ヨリ食事ノ供給ヲ受クル者ハ戸ヲ構フル者ト云フヲ得ス（十年一一四號、十年七月二十三日宣告）

○他人方ニ寄寓シ毎月一定ノ賄料ヲ支拂ヒテ其ノ家又ハ他家ヨリ食事ノ供給ヲ受クル者ハ一戸ヲ構フルモノニアラス（十年六五號、七一號、一七號十年五月十日及六月九日宣告）

○他人ノ住宅ニ下宿シ賄料ヲ支辨シテ食事ノ供給ヲ受ケ居ル者ニ對シテ戸數割ヲ賦課シタルハ違法ナリ（三年一六號三年三月十六日宣告、三年四五號三年四月十五日宣告、三年一五九號三年九月十六日宣告、三年二一二號四年一月十八日宣告、四年四六號四年五月十二日宣告）

○他人方ニ下宿シ月々一定ノ賄料ヲ支辨シテ食事ノ供給ヲ受クルニ過キサル者ハ假令獨立ノ生計ヲ營ムモ戸ヲ構フルモノト云フヲ得ス（八年二號八年二月五日宣告）

○下宿營業人方ニ滯在シ賄料ヲ支辨シテ食事ノ供給ヲ受ケ居ル者ニ對シテ戸數割ヲ賦課シタルハ違法ナリ（二年一二六號二年九月十八日宣告）

○賄料ヲ支拂ヒ他人ノ家ニ下宿スルモノハ戸數割ヲ課スルヲ得ス（三年八三號三年五月廿九日宣告

○旅人宿營業者ノ營業用家屋以外獨立ノ家屋ニ居住スルモ一定ノ賄料ヲ支拂ヒ食事一切ノ供給ヲ受ケ居ルモノハ戸ヲ構フルモノト云フヲ得ス（五年二〇六號五年十二月四日宣告）

○毎月一定ノ賄料ヲ支拂ヒ他人方ニ下宿スル者ハ一戸ヲ構フルモノト云フヲ得ス（四年九一號四

年六月二十三日宣告）

○一定ノ賄料ヲ仕拂ヒ下宿スルモノハ戶數割ヲ賦課スルコトヲ得ス（三年六四號三年七月二十九日宣告、七年一七一號七年十月九日宣告）

○一定ノ賄料ヲ支拂ヒテ他家ニ止宿シ食事ノ供給ヲ受クルモノハ戶ヲ構フルモノニアラス（九年二〇三號九年十一月二十二日宣告、九年一八九號九年十二月十六日宣告）

○一定ノ賄料ヲ支拂ヒテ他家ニ止宿スルモノハ假令獨立ノ生計ヲ營ムモノト雖戶ヲ構フルモノト謂フヲ得ス（六年一〇四號六年九月二十八日宣告、六年一四三號七年六月十四日宣告、九年一四四號、一五一號乃至一五四號九年九月二十八日宣告）

○獨立ノ經濟ヲ立テテ生計ヲ營ムモ他家ニ寄留シ賄料ヲ支拂ヒ食事ノ供給ヲ受クル者ハ課稅スルヲ得ス（六年一六七號六年十二月十九日宣告）

○區裁判所出張所假廳舍內ニ宿直起臥シ一定ノ賄料ヲ支拂ヒテ他ヨリ食事一切ノ供給ヲ受クル者ハ一戶ヲ構フル者ト云フヲ得ス（三年一九九號四年一月廿九日宣告）

○一定ノ宿料又ハ賄料ヲ支拂ヒ他人方ニ止宿スル者ニ對シ戶數割ヲ賦課シタルハ違法ナリ（二

年一〇四號二年六月十日宣告、二年一一九號、一二〇號二年七月八日宣告、五年一七三號五年十月二十五日宣告、五年三五號六年二月十四日宣告、六年一七號六年二月二十三日宣告、六年五七號六年四月三十日宣告、六年一一二號六年十月十五日宣告、七年五九號七年四月五日宣告）

〇一定ノ宿料又ハ賄料ヲ支拂ヒ他人ノ家ニ止宿スル者ハ獨立ノ生計ヲ營ムト否トニ拘ハラス一戸ヲ構フル者ト云フヲ得ス（三年七一號三年六月十七日宣告、三年一七八號三年十一月十三日宣告、八年二三九號八年十月二十四日宣告、十年一四號十年二月二十八日宣告、十年三九號十年五月十日宣告）

〇毎月一定ノ宿料ヲ支拂ヒ旅人宿ニ止宿スルモノハ一戸ヲ構ヘタルモノト云フヲ得ス（三年二〇號三年五月十三日宣告、六年六六號六年七月二日宣告、六年一一三號六年九月二十八日宣告、七年一一五號七年六月二十四日宣告）

〇單ニ一定ノ宿料ヲ支拂ヒ他ニ止宿スル者ハ獨立ノ生計ヲ營ムト否トヲ問ハス戸數割ノ賦課ヲ受クヘキモノニアラス（二年九六號二年六月二十一日宣告、二年　一〇號二年六月二十二日宣告）

〇一定ノ宿料ヲ支拂ヒ他ニ止宿スルモノハ假令獨立ノ生計ヲ營ムモ一戸ヲ構フル者ト云フヲ得ス（三年一九號三年三月二十五日宣告、七年一九四號八年二月十二日宣告、十年八四號十年六月二十七日宣

告)
○止宿料ヲ支拂ヒテ他家ニ止宿スル者ニ對シテ戸數割ヲ賦課シタルハ違法ナリ(六年一五號、一六號六年二月十九日宣告)
○職工所合宿所ニ止宿シ一定ノ賄料ヲ支拂ヒ居ルモノハ戸ヲ構フルモノト云フヲ得ス(八年八號八年五月十四日宣告)
○獨立ノ生計ヲ營ムモノナルモ他家ニ同居シ一定ノ賄料ヲ支拂ヒテ食事ノ供給ヲ受クル者ハ其ノ一室ヲ獨占的ニ占用セルト否トニ拘ラス戸ヲ構フルモノト云フヲ得ス(九年八四號九年六月三十日宣告)
○單身他人方ニ間借ヲ爲シ仕出屋ヨリ食事ノ供給ヲ受ケ其ノ居室ハ襖ニテ他ノ室ト仕切リタルノミニテ釘付等ト爲シタルモノニアラス又右居家ノ緣先ト家主ノ居室ノ緣先ト相接續シ其ノ間別ニ締切ノ設ケナキカ如キ場合ニ於テハ戸ヲ構フルモノト云フコトヲ得ス(七年二〇二號八年四月九日宣告八年一〇五號八年六月十一日宣告)
○家計カ他人ノ補助又ハ給與ニ依ル事實ハ戸ヲ構フルモノタルヲ妨ケス(六年六號、七號六年十

月三日宣告）
○他人ヨリ生計費ノ支給ヲ受ケテ炊爨ヲ爲シ生計ヲ營ムモ尙其ノ者ノ戸ヲ妨クルモノニ非サルト同時ニ其ノ戸ハ生計費支給者ノ戸ナリト云フヲ得サルモノトス（三年一三一號四年五月十七日宣告）
○住職トシテ寺ニ常住シ寺ヨリ一定額ノ金穀ヲ給與セラレ之ニ依リテ生計ヲ營ミ自ラ炊爨ヲ爲ス者ハ寺內ニ一戸ヲ構フル者ナリ（六年二二號六年五月十六日宣告）
○寺院ノ住職カ寺院ノ收入ノ自由處分ヲ許サレ之ヲ以テ自己生活ノ資ニ充テ居ルトキハ其ノ居住及炊爨ノ場所カ寺院內タルト否トニ拘ハラス住職カ一私人ノ資格ニ於テ炊爨ヲ爲ス者ト認ムヘキカ故ニ一戸ヲ構フルモノナリ（四年三號乃至六號四年五月三十一日宣告）
○說敎場ヨリ寢具及賄ノ供給ヲ受ケ說敎場內ニ單身居住スル者ハ戸ヲ構フル者ト認ムルヲ得ス（十年九〇號十年七月二十五日宣告）
○寺院ノ住職カ單身起臥スルニ過キスシテ自ラ炊爨ヲ爲ス者ト認ムヘカラサル場合ニ於テハ一戸ヲ構フルモノト云フヲ得ス（三年二八號、二九號、四八號、五〇號三年七月二十九日宣告）

○寺院ノ住職カ其ノ庫裡ニ居住シ寺務ヲ執行シ居ル場合ニ於テハ特別ノ立證ナキ限リハ自己ノ經濟ヲ以テ炊爨スルモノト認ムヘカラサルカ故ニ一戸ヲ構フルモノト謂フヲ得ス（三年一八七號四年二二號四年三月二十四日宣告）

○他ニ同居シ自ラ炊爨ヲ爲ササル者ハ假令其ノ經濟ヲ異ニシ獨立ノ生計ヲ營ムモ之ヲ以テ一戸ヲ構フルモノト云フヲ得ス（二年一九九號二年十二月三日宣告、三年四三號三年四月二十九日宣告、三年一五〇號三年九月十四日宣告、三年一八〇號三年十月十六日宣告）

○戸數割ノ意義ハ地方税規則ニ依リ定ムヘク府縣會ノ議決ヲ以テ定マル賦課規則ヲ參酌シテ初メテ定マルモノニアラス（十年四四號十年七月十四日宣告）

○地方税規則ハ戸數割ノ納税者ニ關スル規程ヲ地方廳ノ定ムル所ニ一任シタルモノニアラス（九年一四九號、一五〇號九年十月二十二日宣告、九年二一七號十年一月二十九日宣告）

市制町村制ノ市町村公民ノ要件タル「獨立ノ生計ヲ營ム者」ニ關スル行政裁判所ノ判決例參考ノ爲左ニ揭ク

○他人ト同居同炊スルモ自己ノ資力ニ依リ其家計ヲ支持スル者ハ獨立ノ生計ヲ營ム者トス（二

年六九號二年五月二十二日宣告）

○年額千八百圓以上ノ所得ヲ有スルコト明カナルヲ以テ反證ナキ以上自己ノ資力ニ依リ其生計ヲ支持セル者ト認ムルヲ相當トス而シテ町村制第七條第一項ニ所謂獨立ノ生計ヲ營ム者トハ必スシモ一戶ヲ構ヘ又ハ竈ヲ設クルコトヲ要スルモノニ非ス（二年一四三號二年十二月十一日宣告）

○所謂獨立ノ生計ヲ營ムトハ自己ノ經濟ニ於テ生計ヲ維持スルノ義ナルカ故ニ苟モ自己ノ經濟ニ於テ生計ヲ維持スル以上ハ他人ノ監督干涉ヲ受クルト否トヲ問ハス獨立ノ生計ヲ營ムモノト謂ハサルヘカラス（二年二〇〇號三年四月三十日宣告）

○自己及其ノ妻子ノ生計ヲ維持スルニ足ル財產ヲ有スル者ハ反證ナキ以上自己ノ經濟ニ於テ生計ヲ維持セル者ト認ムヘキモノトス（二年二〇〇號三年四月三十日宣告）

○同居同炊ノ事實ハ以テ經濟ノ獨立ナルヤ否ヲ別ツノ標準ト爲ラス（二年二〇〇號三年四月三十日宣告）

○所謂獨立ノ生計ヲ營ムトハ自己ノ經濟ニ於テ生計ヲ維持スルノ義ナルカ故ニ苟モ自己ノ經濟ニ於テ生計ヲ維持スル以上ハ家族タルト同居同炊ヲ爲スト否トヲ問ハス獨立ノ生計ヲ營ムモノ

トス（三年七二號三年七月九日宣告）

○獨立ノ生計ヲ營ムニ足ルヘキ資産ヲ有シタルノ事實ハ當事者間ニ爭ナキ所ナルノミナラス諸入費控帳ニ明治四十二年ヨリ同四十四年ニ至ル每年一切ノ生計費ヲ揭ケ其ノ末尾ニ之ニ對スル養父ト養子ノ分担額ヲ記載シアルニ依リテ之ヲ見レハ養子ハ常ニ養父ト生計ヲ分別セルモノト認ムルヲ相當トス從テ同人ハ獨立ノ生計ヲ營ム者トス（三年七二號三年七月九日宣告）

○獨立ノ生計ヲ營ムニ足ル資產ヲ有スル以上反證ナキ限リ獨立ノ生計ヲ營ム者ト認ムヘキモノトス（六年一二〇號七年二月一日宣告、七年二二二號八年十月二十四日宣告）

○證言ニ依レハ八郎ハ相當ノ收入アリ自己ノ經濟ニ於テ其生計ヲ維持スルモノト認ムルニ足ルヲ以テ獨立ノ生計ヲ營ム者トス（七年一三七號八年六月六日宣告）

○獨立ノ生計ヲ營ムニ足ルノ資力ヲ有スル者ナルコトハ當事者間ニ爭ナキ所ナリ而シテ獨立ノ生計ヲ營ムニ足ル資力ヲ有スル者ハ獨立ノ生計ヲ營ム者ト推定スルヲ相當トス（八年六一四號九年十一月六日宣告）

○荒尾千九百八十七番地ニ於ケル醫業ノ名義人ハ大正二年ヨリ馬原猛ニシテ免許醫タル同人ハ

醫業ノ免許ナキ本家戸主兄馬原貞章及其家族等ト共ニ同所ニ居住シ猛ト貞章トカ醫業ニ從事シ共ノ收入ニ因リテ相共ニ其ノ生計ヲ立ツルコトハ爭ナキ事實ナレハ猛ハ獨立ノ生計ヲ營ム者ト謂フヘク其ノ生計カ貞章ト共同ニシテ貞章カ共同生計ノ主宰者ナリトスルモ爲ニ猛ハ獨立ノ生計ヲ營ム者ニ非スト爲スヘキニ非ス（十年九五號、一五一號十年十二月十日宣告）

第二款　戸數割ノ課税標準

第二條　戸數割ハ納税義務者ノ資力ニ對シ之ヲ賦課ス

本條ハ戸數割ノ課税標準ヲ定メタル規定ナリ從來戸數割ハ構戸ノ事實ヲ基礎トシテ賦課スルモ法令ニ於テ課税標準ヲ明確ニ規定シタルモノナシ全國市區町村ノ課税狀況ヲ觀ルニ客觀的標準ヲ設ケス納税義務者ノ生計狀態ヲ考察シ見立ニ依リテ等級ヲ設クルモノ實ニ四千七百餘市町村ニ達シ他ノ市町村ハ客觀的標準ヲ設クルモ多種多樣ニシテ其種類ハ約四百四十餘種ヲ算セリ試ニ多クノ市町村ノ採用セルモノヲ擧クレハ左ノ

如シ

所得資産及生活ノ狀態ニ依ルモノ　五三五市町村
所得及納税額ニ依ルモノ　四六〇市町村
納税額ニ依ルモノ　四六〇市町村
所得ニ依ルモノ　四二一市町村
資産及生活ノ狀態ニ依ルモノ　三八五市町村
納税額及生活ノ狀態ニ依ルモノ　三三三市町村

前記標準ヲ綜合スレハ戸數割ハ各戸ノ給付能力ヲ捕捉スルモノニシテ人税ノ性質ヲ帶ヒ且所得税的ノ性質ヲ有スルモノニシテ尚資産税タルノ性質ヲモ有スト云ヒ得ヘシ故ニ戸數割ハ各人ノ資力ニ應シテ賦課スルコトヲ適當ナリト爲ササルヘカラス本條ニ於テ戸數割ハ納税義務者ノ資力ニ對シ賦課スルモノト定メタル所以ナリ而シテ課税標準タルノ資力ノ算定ニ用ウル具ノ何タルカハ之ヲ次條ニ規定シ全國ニ亘ツテ普通的ニ

之ヲ行ハシムルコトトシ以テ從來ノ弊ヲ一掃セムコトヲ期セリ

第三欵　納稅義務者ノ資力算定ノ方法

第三條　資力ハ戸數割納稅義務者ノ所得額及住家坪數ニ依リ之ヲ算定ス但シ所得額及住家坪數ノミニ依ルヲ適當ナラスト認ムル場合ニ於テハ納稅義務者ノ資產ノ狀況ヲ斟酌シテ之ヲ算定スルコトヲ得

本條ハ戸數割ノ課稅標準タル納稅義務者ノ資力ハ如何ナル具ニ依リ之ヲ算定スヘキカ之ニ關シテ規定セリ課稅標準タル資力ヲ算定スルニハ其標準ヲ何ニ求ムヘキカハ課稅上最モ重要ナル問題ニシテ各人ノ資力ノ程度卽チ給付能力ヲ捕捉スルノ一標準トシテハ所得額ニ據ルコト最モ適當ナリト認ムルヲ以テ資力算定ノ標準ハ納稅義務者ノ所得額ヲ以テ其ノ中樞ト爲シ之レニ配スルニ納稅義務者ノ住家ノ坪數ヲ以テスルコトト爲シタリ而シテ住家ノ坪數ヲ資力算定ノ標準ニ加味シタルハ戸數割ハ世帶ヲ持ツ者ニ

課スルモノニシテ其ノ世帶ト密接ノ關係ヲ有スル住家ハ納稅義務者ノ生活狀態ヲ表現スルモノト看做スコトヲ得ヘシ又其ノ坪數ノ多少卽チ住家ノ廣狹ハ之ニ依リテ生活狀態ノ一面ヲ表現スルモノト謂フコトヲ得ヘク之ヲ資力算定ノ標準ニ配シテ以テ所得額ノミニ依ルノ不備ヲ補完セルナリ

戶數割ノ課稅標準タル資力ヲ算定スル標準ニ住家ヲ加ヘタルハ納稅義務者ノ生活狀態ヲ表現スルニアルモノナレハ住家ノ範圍ハ生活上必須ナル範圍ニ限定セサルヘカラス卽チ住家トハ日常起居ノ用ニ供スル所及日常ノ消費經濟ヲ營ムニ付テ使用スル建物ノ部分ヲ指ス義ニシテ店舗又ハ工場ニ兼用スルモノノ如キハ住家ノ坪數ニ算入スヘキモノナルヘキモ專ラ工場又ハ商業用ニ供スル部分ノ如キハ住家ヨリ之ヲ除外スヘキモノナリ又學校ノ宿直室ニ起臥シ宿直ヲ常勤ト爲ス者ノ住家ノ坪數ハ宿直室中宿直用ニ供スル部分ノ坪數ニ依ルヘキモノナリ

戶數割ノ課稅標準タル資力ヲ算定スルノ標準ハ納稅義務者ノ所得額及住家ノ坪數ニ

依ルコトト爲セルモ各地方其ノ事情ヲ異ニスル爲メ所得額及住家ノ坪數ノミニ依リテハ納稅義務者ノ資力ヲ完全ニ表現シ得サルノ憾アル場合ナシトセス斯ル場合ニ處スル爲ニ他ノ標準ヲ加フルノ必要ヲ認メ卽チ所得額及住家ノ坪數ノミニ依ルコトノ適當ナラサル場合ニ限リ資產ノ狀態ヲ斟酌スルコトヲ得シムルモノトシ本條但書ノ規定ヲ設ケタリ而シテ資產ノ狀態ヲ斟酌スルハ所得額及住家ノ坪數ノミニ依ルコトノ適當ナラサル場合ニ限ルモ其適當ナラストト爲スハ如何ナル場合ナルカ之ヲ判斷スルノ法則ハ之ヲ本則ニ規定セス全ク事實ノ問題ニ委セルモノニシテ例セハ所得ノ調査ハ公正ヲ期スルコト勿論ナルモ營業所得ハ勤勞所得ノ如ク明確ナルヲ得ス從テ形式ニ表ハレタル所得額ハ同一ナルモ其資力ハ達觀上同一ナリト認メ難キカ如キ或ハ郡村ニ於ケル所謂山持ト稱スル資產者ノ如キ山林收入トシテ所得スルモノノミニテハ其者ノ實際ノ資力ヲ表現シ得ラレサルカ如キ又或ハ農業部落ニ於ケル納稅義務者ノ住家ハ父祖以來ノ居宅ニシテ其坪數ノ頗ル廣キニ反シ商業者ノ住宅ハ近時ノ建築ニ係リテ頗ル狹ク其者ノ資

力ノ程度ハ住家ノ廣狹ニ伴フモノト達観スルヲ得サルカ如キ場合ニ於テハ他ノ標準ヲ加味スルニアラサレハ眞實ノ資力ヲ捕捉スルニ由ナシ斯ル場合ニ於テ所得額及住家ノ坪數ノミニ依ルハ給付能力ニ適應シタル公正ナル負擔ヲ爲サシムルコトヲ得サルモノニシテ所得額及住家ノ坪數ノミニ依ルコトノ適當ナラサル場合ナリトス而シテ是等事實ノ有無ハ一ニ當該府縣ノ認定ニ一任セルモノナレハ資産ノ狀態ヲ斟酌スルコトハ當該府縣會ノ議決ヲ以テ其府縣下劃一的ニ之ヲ定ムルコト一見穩當ナルカ如シト雖例外ノ標準ハ出來得ル限リ之ヲ避クルコト本則ノ趣旨ニシテ又資力ノ算定ハ各市町村ノ實情ニ適應セシムルコト緊要ナレハ資産ノ狀態ヲ斟酌スルト否トハ各市町村會ノ議決ニ之ヲ一任スルヲ以テ本則ノ精神ナリト解セサルヘカラス而シテ市町村會ノ議決ニ一任スルハ府縣稅賦課ノ細目トシテ之ヲ爲スモノナレハ府縣會ノ議決ヲ經テ賦課規則中ニ之ヲ規定セサルヘカラス上記ノ如ク資産狀態ノ斟酌ヲ市町村會ノ議決ニ委任シタル場合ニ於テ其資産狀態ヲ如何ニ斟酌スルカ之ニ關シ戶數割規則ハ何等規定スル所ナシ依

テ府縣ノ賦課規則ニ於テ之ニ關シ別段ノ定メヲ爲シテ之ニ準據セシムル場合ハ格別然ラサル場合ニハ市町村會ハ見立ニ依リテ之ヲ議決スルコトヲ得ヘシ然ルニ見立割ハ從來弊害アリシヲ以テ本則ハ統一的ニ課税標準算定ノ法則ヲ定メタルニモ拘ラス今後尙ホ此ノ見立割ヲ認ムルコトハ不徹底ノ嫌ナキニアラス依テ本則ニ於テハ資產狀態ノ酙酌即チ見立ニ依ルコトヲ得ヘキ額ハ戸數割總額ノ十分ノ二ヲ超ユルコトヲ得ストノ制限ヲ設ケタリ然レトモ市町村會ニ於テ見立ヲ爲スニ付キテハ各人ノ資產狀況ヲ明ニスルノ方法ヲ講シ且具體的標準ニ依ル缺點ヲ補完スルノ目的ヲ達スルニ付遺憾ナキヲ期セサルヘカラス

納税義務者ノ所得額、住家ノ坪數及資產ノ狀況ニ依リ算定シタル各資力ニ對スル戸數割賦課ノ步合ハ（第五條ニ課税ノ最高制限ノ定メアルモノハ其ノ範圍內ニ於テ）市町村會ヲシテ之ヲ議決セシムルコトヲ得ヘシ蓋シ所得額、住家ノ坪數及資產ノ狀況ニ依リ算定シタル各資力ニ對スル戸數割賦課ノ步合ヲ定ムルハ府縣稅賦課方法ノ一部ニ屬シ府縣制第百九條ニ所謂府縣稅賦課ノ細目ニ外ナラス依テ府縣會ノ議決ヲ以テ之ヲ關係市町村會ノ議決ニ付スルコトヲ得ヘキハ勿論ナレハナリ

本條ニ依ル資力ノ算定ハ如何ナル時期ノ標準ニ依ルヘキカ所得額ニ付テハ施行細則第三條ノ規定ニ依リ調査當時ノ現況ニ依リテ算出スヘク住家ノ坪數ニ付テハ本則ニ規定スル所ナキモ賦課ノ本質上賦課期日ノ現在ニ依ルヲ相當トシ資產ノ狀況ハ賦課額決定當時ノ現況ニ依ルヲ相當トスルモ此等ハ府縣ノ賦課規則中ニ明規スルコト適當ナリトス

資力算定ノ標準タル所得額、住家坪數ヲ調査スルノ方法ハ本則中規定スル所ナキヲ以テ府縣ニ於テ適宜之ヲ定ムヘキナリ卽チ所得額ハ一定ノ時期ニ於テ納稅義務者ニ申告ヲ爲サシメ住家ノ坪數ハ本則施行ノ際基本調査ヲ爲シ爾後異動アル每ニ居住者ヲシテ申告セシムル等ノ手續ヲ設ケ其ノ申告ノ當否ハ市町村長ヲシテ調査セシムル等ノ手

續ヲ定ムヘキナリ

所得ニ依ル資力ノ算定方法ハ本則第六條及第七條ニ之ヲ規定シ住家ノ坪數ニ依ル資力ノ算定方法ハ本則第八條、第九條及第十條ニ之ヲ規定セリ

第一項　所得ニ依ル資力ノ算定方法

第六條　納税義務者ト生計ヲ共ニスル同居者ノ所得ハ之ヲ其ノ納税義務者ノ所得ト看做ス但シ其ノ納税義務者ヨリ受クル所得ハ此ノ限ニ在ラス

本條ハ納税義務者ト生計ヲ共ニスル同居者ノ所得計算ニ付規定シタルモノナリ納税義務者ノ資力ヲ算定スルニハ(一)納税義務者ノ所得額(二)納税義務者ノ住家ノ坪數ニ依ルコトハ第三條ニ規定ス然ルニ納税義務者ト生計ヲ共ニスル同居者例セハ獨立ノ生計ヲ爲ス戸主ト同居セル家族カ所得ヲ有スルトキハ之ヲ納税義務者ノ所得ト看做シ納税義務者ノ所得額ニ計算スルコトヲ要スト爲セリ併シ其ノ所得中納税義務者ヨリ受クルモノハ之ヲ納税義務者ノ所得額ニ計算スヘカラサルナリ蓋シ納税義務者タル構戸者

又ハ獨立ノ生計ヲ營ム者ト同居シ生計ヲ共ニスル者ノ資力ハ生計ノ主體タル者即チ納稅義務者ノ資力ト一體ヲ爲スモノト看ルコト戶數割ナル稅ヲ賦課スル上ニ於テ今日ノ社會生活上相當ナレハナリ

納稅義務者ト同居スル者例セハ一戶ヲ構フル戶主ト同居スル家族カ財產ヲ有スルコトアルモ之ヲ以テ直ニ獨立ノ生計ヲ維持スルモノト推定スルコトナク其者ノ所得ハ本條ヲ適用シテ構戶者ノ所得ト看做スヲ以テ戶數割課稅ノ本旨ニ協ウモノトス而シテ他家ニ同居スルモ生計ヲ共ニセサル者例セハ他人ノ家ヲ間借シ又ハ下宿スル者ノ所得ニ付テ本條ノ適用ヲ見サルハ生計ヲ異ニスルノ結果當然ノコトナリトス

第七條 同一人ニ對シ數府縣ニ於テ戶數割ヲ賦課スル場合ニ於テハ各其ノ府縣ニ於ケル所得ヲ以テ其ノ者ノ資力算定ノ標準タル所得トス其ノ所得ニシテ分別シ難キモノアルトキハ關係府縣ニ平分ス

2 戶數割ヲ納ムル府縣以外ノ地ニ於ケル所得ハ納稅義務者ノ資力算定ニ付住所地府縣ニ於ケル所

得ト看做ヘ

3 前二項ノ規定ハ府縣內市町村間ニ於ケル所得ノ計算方法ニ付之ヲ準用ス

4 前三項ニ規定スル所得計算ニ付府縣內關係市町村異議アル場合ニ於テ其ノ郡內ニ止マルモノハ郡長、其ノ郡市又ハ數郡市ニ涉ルモノハ府縣知事之ヲ定メ關係府縣知事異議アルトキハ內務大臣之ヲ定ム

5 島司ヲ置ク地ニ於テハ前項中郡長ニ關スル規定ハ島司ニ、郡ニ關スル規定ハ島廳管轄區域ニ關シ之ヲ適用ス

本條ハ同一人ニ對シ數府縣若ハ府縣內數市町村ニ於テ戸數割ヲ賦課スル場合ニ於ケル納稅義務者ノ資力算定ノ標準タル所得額計算ニ關スル規定ナリ同一人カ數府縣若ハ府縣內數市町村ニ於テ戸數割ヲ賦課スル場合ニ於ケル納稅義務者ノ資力ハ關係ノ府縣若ハ市町村ニ之ヲ分別スルニアラサレハ負擔ノ加重ヲ來タシ公平ヲ失スルニ至ルヘキヲ以テ本條ニ關係府縣若ハ市町村ニ分別スルノ方法ヲ規定セルモノナリ

同一人カ數府縣若ハ府縣内數市町村ニ於テ戸數割ヲ賦課スル場合トハ同一人カ時ヲ同フシ數府縣若ハ府縣内數市町村ニ於テ戸ヲ構フルニ因リ各其ノ府縣若ハ府縣内數市町村ニ於テ戸數割ヲ賦課スル場合ヲ謂フ蓋シ各人生活ノ本據ハ一人一ケ所ニ限ルモ戸ヲ構フルコト卽チ世帶ヲ有スルコトハ一人一ケ所ニ限ルモノニアラス故ニ同一人ニシテ時ヲ同フシテ數ケ所ニ於テ戸ヲ構フルコトアリ得ルナリ

第一項　同一人ニ對シ數府縣ニ於テ戸數割ヲ賦課スル場合其ノ納税義務者ノ資力算定ノ標準タル所得計算ニ關スル規定ナリ所得ハ其ノ種類性質ニ依リ府縣若ハ市町村ニ可分シ得ルモノト然ラサルモノトアリ土地家屋物件及資本ヲ一營業所毎ニ區分セル營業ノ所得ノ如キハ前者ニ屬シ資本ヲ共通セル營業所得ノ如キハ後者ニ屬セリ同一人ニ對シ數府縣ニ於テ戸數割ヲ賦課スル場合ニ於テハ前者ニ屬スル所得ニ付テハ各其ノ府縣ニ於ケル所得ヲ以テ其ノ者ノ資力算定ノ標準タル所得ト爲スモノト本項前段ニ之ヲ定ムルモ後者ニ屬スル所得ハ之ヲ生スル原因關係ニ付各府縣ニ之ヲ分別スルコト困難ナ

ルヲ以テ法ノ規定ニ依リテ之ヲ定メサルヘカラス故ニ本項後段ニ於テ所得ニシテ各府縣ニ分別シ難キモノアルトキハ各府縣ニ平分スト規定シタルナリ蓋シ分別スルコト困難ナルヲ以テ寧ロ等分スルヲ以テ公平ナリト爲シタルモノニシテ府縣制第百七條第二項ニ住所滯在同時ニ府縣ノ内外ニ涉ル者ノ土地家屋物件又ハ營業所ヲ定メタル營業ヨリ生スル收入ニ非ラサル收入ニ對シ府縣稅ヲ賦課スルトキハ其ノ收入ヲ各府縣ニ平分シ其ノ一部ニノミ賦課スヘシト爲セル趣旨及市制第百二十條町村制第百條第二項ノ規定ニ基ク明治四十四年勅令第二百四十一號市稅及町村稅賦課ニ關スル件第三條第一項ニ住所滯在市町村ノ内外ニ涉ル者ノ收入ニシテ土地家屋物件又ハ營業所ヲ設ケタル營業ヨリ生スル收入ニ非サルモノニ對シ市町村稅ヲ賦課セムトスルトキハ其ノ收入ヲ平分シ其ノ一部ニノミ賦課スヘシト爲セル趣旨ト異ルコトナシ

第二項　戸數割ヲ納ムル府縣以外ノ地ニ於ケル所得ニ關スル規定ナリ戸數割ヲ賦課スル府縣ニ於ケル所得ノ計算ニ關シテハ前項ニ之ヲ規定セルヲ以テ本項ニ於テハ戸數割

ヲ納ムル府縣以外ノ地ニ於ケル所得ハ納税義務者ノ資力ヲ算定スルニ付住所地府縣ニ於ケル所得ト看做スト定メタリ外國ノ營業所ヨリ生スル所得ハ府縣制第百七條第一項ニ所謂府縣外ノ營業所ノ收入ナルヲ以テ府縣税ヲ賦課スルヲ得ストノ行政實例アルモ府縣制第百七條ノ規定ハ府縣外ノ收入ニ對スル賦課ヲ許ササル趣旨ニシテ戸數割ヲ課スヘキ資力算定ノ標準ニ府縣外ノ所得ヲ計算スルコトヲモ禁スルモノニアラス從テ本項ノ「府縣以外ノ地ニ於ケル所得」ニハ外國及朝鮮臺灣樺太ニ於ケル所得ヲモ含ムモノト解セサルヘカラス

第三項 前二項ノ規定ヲ府縣内ノ市町村間ニ於ケル所得ノ計算方法ニ付準用スルノ規定ナリ同一人ニ對シ時ヲ同フシテ府縣内ノ數市町村ニ於テ戸數割ヲ賦課スル場合ニ於テハ所得ノ種類性質ニ依リ市町村ニ可分シ得ルモノハ各其ノ市町村ニ於ケル所得ヲ以テ其ノ者ノ資力算定ノ標準タル所得トシ所得ノ種類性質ニ依リ各市町村ニ可分スルコトノ困難ナルモノアルトキハ關係市町村ニ之ヲ平分シ各其ノ一部ヲ各其ノ市町村ニ於ケ

ル其ノ者ノ資力算定ノ標準タル所得ト計算スヘキモノト定ム

戸數割ヲ納ムル市町村以外ノ市町村(府縣內)ニ於ケル所得ハ納税義務者ノ住所地市町村ノ所得ト看做シ住所地市町村ニ於ケル資力算定ノ標準ニ計算スヘキモノト定ム茲ニ問題アリ(一)戸數割ニ代ヘ家屋税ヲ賦課スル市町村ニ於ケル所得ハ本條第二項ヲ準用シ住所地市町村ノ所得ト看做シ住所地市町村ニ於ケル資力算定ノ標準ニ計算スヘキヤ否家屋税ハ戸數割ニ代ヘテ賦課スルモノナリトスルモ家屋税ト戸數割トハ全然課税ノ標準ヲ異ニスルモノナレハ積極ニ解スルヲ相當ナリト謂ハサルヲ得ス(二)分別シ難キ所得カ戸數割ヲ賦課スル數市町村ト戸數割ヲ納メサル町村ニ渉ルモノナルトキハ如何ナル計算方法ニ依ルヘキカ住所地カ戸數割施行地ナルニ於テハ第二項ヲ先ツ適用シテ後第一項ヲ適用スルコトトシ結局戸數割施行地ノ町村間ニテ全然平分スルモノト解スルノ外ナシ而シテ住所地カ戸數割施行地ニ非サルトキハ第一項及第二項ヲ準用シ戸數割ヲ賦課スル市町村ト戸數割ヲ納メサル町村トニ所得ヲ平分シ戸數割ヲ納メサル町

村ニ對スル平分額ハ標準ニ算入セサルコト本條規定ノ精神ヨリ見テ適當ナリトスルモ本則ニ明文ナキヲ以テ府縣ノ賦課規則ニ規定ヲ設クルコト可ナリトス蓋シ法律命令ニ定ムルモノヲ除ク外府縣稅ノ賦課徵收ニ關スル事項ハ府縣制第四十一條第三號ノ規定ニ依リ府縣會ニ於テ議決シ得ヘキモノナレハナリ尙玆ニ疑問アリ分別シ難キ所得カ戶數割ヲ賦課スル市町村ト明治三十二年勅令第三百十六號第二條ノ規定ニ依リ府縣費ノ分賦ヲ受クル市トニ涉ルトキハ如何ナル方法ニ依リ計算スヘキカ此場合ニハ府縣費ノ分賦ヲ受クル市ハ戶數割ヲ賦課スル市ト看做シ其ノ市ヲ加ヘテ平分シ戶數割ヲ賦課スル市ト看做シタル市カ納稅義務者ノ住所地ニアラサルトキハ其市ニ對スル平分額ハ納稅義務者ノ住所地市町村ノ所得ト看做スヲ相當ナリト說クモノアルモ府縣費ノ分賦ヲ受クル市ニ於テハ戶數割ノ賦課無キヲ以テ第一項ノ準用上其ノ市ヲ除キ他ノ市町村ニ平分スヘキモノト解スルヲ正當ナリト信ス

第三項ニ依リ第二項ヲ準用スル場合ニハ戶數割ヲ納ムル市町村外（其府縣內）ノ所

得ハ其ノ府縣內住所地市町村ノ所得ト看做スノ趣旨ナレハ戸數割ヲ納ムル市町村カ居所ナルトキ又ハ家屋稅ヲ課スル地ナルトキハ其ノ準用ナキモノナリ

家屋稅ヲ課シ戸數割ヲ課セサル府縣內甲市ニ於テ所得ヲ有スル者同縣內乙町ニ住所ヲ有スル同人（納稅者ナリ）ノ資力算定ニ付同縣內乙町ニ住所ヲ有シ戸數割ヲ納ムルニ依リ其ノ戸數割ノ課稅標準タル資力算定ニ付テ甲市ノ所得ヲ加算スルハ府縣內ノ所得ナルカ故ニシテ本條ノ適用又ハ準用ノ結果ニアラサルナリ

第四項　前三項ニ規定スル所得計算ノ異議ノ決定ニ關スル規定ナリ本條第一項乃至第三項ニ規定スル所得ノ所屬及區分ニ關スル規定ニ依ル所得ノ計算ニ付テ府縣內關係市町村ニ異議アル場合ハ關係町村カ一郡內ナルトキハ郡長之ヲ決定シ市及郡町村又ハ數郡市ニ渉ルモノナルトキハ府縣知事之ヲ定メ關係府縣知事ニ異議アル場合ハ內務大臣ニ於テ之ヲ定ムルモノトス關係市町村トアルハ戸數割ノ賦課ニ關係ヲ有スル市町村ノ意ナリ本項ハ「關係市町村異議アル場合」ト規定スルヲ以テ市町村ナル公共團體ニ於

テ異議アル場合ト解セサルヘカラス市町村ナル公共團體ノ異議ハ市町村ノ意思機關タル市町村會ノ議決ニ依ルヘキモノニシテ市町村ノ執行機關タル市町村長ニ於テ異議アリト爲スモ之ヲ以テ直ニ市町村ニ異議アリト云フヲ得サルナリ市町村ニ於テ異議アルトキハ之ヲ申立郡長又ハ府縣知事ノ決定ヲ請フヘキナリ其ノ異議申立ニ付本則ハ期限ヲ定メサルモ戶數割ノ賦課ニ支障ヲ來ササル樣速ニ之ヲ爲スヲ要ス郡長又ハ府縣知事ニ於テ市町村ノ異議申立ヲ受ケタルトキハ速ニ決定ヲ爲スヘキハ當然ニシテ其ノ決定ヲ遲滯スルトキハ戶數割ノ賦課ニ支障ヲ來スヘキヲ以テ可及迅速ニ決定スルコトニ注意スルヲ要ス郡長又ハ府縣知事ニ於テ決定ヲ爲ストキハ之ヲ關係市町村ニ告知スヘク其ノ決定ハ直ニ確定力ヲ有シ其ノ處分ニ關シテハ訴願訴訟ヲ許サス

所得ノ調査ヲ市制第六條ノ市及第八十二條第三項ノ市ニ於テハ區長ニ委任スルモ本項ノ異議ハ市ヨリ之ヲ申立ツヘキモノナレハ區長ヨリ之ヲ申立ツルヲ得サルナリ

第五項 島司ヲ置ク地ニ於ケル前項ノ適用ニ關スル規定ナリ卽チ島司ヲ置ク地ニ於テ

ハ本條第四項中郡長ニ關スル規定ハ島司ニ、郡ニ關スル規定ハ島廳管轄區域ニ關シ之ヲ適川スト爲スヲ以テ島廳管轄區域内ノ町村ニ於テ異議アル場合ハ島司之ヲ決定シ市若ハ郡ト島廳管轄區域内ノ町村トニ渉リ異議アル場合ハ府縣知事之ヲ定ムルモノトス島司ヲ置ク地ハ明治四十二年三月勅令第五十四號ヲ以テ之ヲ指定ス即チ東京府小笠原島廳（小笠原島、南鳥島、中ノ鳥島）八丈島廳（八丈島、小島、青ヶ島、鳥島）大島島廳（大島、利島、新島、神津島、三宅島、御藏島）長崎縣對馬島廳（對馬島）島根縣隱岐島廳（隱岐島、竹島）鹿兒島縣大島島廳（大島郡）沖繩縣宮古島廳（宮古郡）八重山島廳（八重山郡）ナリ

〔行政判例〕

〇住居ト構戸トハ別箇ノ事實ナルノミナラス構戸ハ二ケ所以上ニ之ヲ爲スコトヲ得ルモノトス

（六年一八〇號七年六月十二日宣告）

所得ニ依ル資力算定ノ方法ハ特殊ノ場合ニ付テハ第六條及第七條ニ之ヲ規定スルモ

一般ノ場合ニ付テハ何等規定スル所ナク第十六條ニ於テ内務大臣及大藏大臣之ヲ定ムル旨ヲ規定セリ此ノ規定ニ基キ大正十一年内務省令第二號府縣税戸數割規則施行細則第三條乃至第八條ニ之ニ關シ規定セリ

省令第三條　本條ハ戸數割納税義務者ノ資力算定ノ標準タル所得ノ計算方法ヲ規定セルモノナリ本則ニ所謂所得トハ所得税法ニ所謂所得ト同義ナルカ所得税法ニ於ケル所得ノ意義ハ理論上明確ナル意義ヲ與フルコト困難ニシテ學説モ歸一セス税法モ之カ定義的規定ヲ設クルコトナク單ニ課税スヘキ所得ヲ例示スルニ過キス本則モ所得ノ意義ニ付規定スル所ナク本條ニ於テ所得ノ計算方法ヲ定ムルニ付キ所得ノ種類ヲ列擧シタルニ過キス而シテ本條ノ規定ハ所得税法第三種ノ所得ノ算出ニ付規定セル同法第十四條ト同一ナルニ依レハ所得ノ意義モ亦所得税法ノ所得ト同シト云フノ外ナシ所得税法ノ所得ハ反覆繼續ノ性質ヲ要セサル主義ヲ採レルハ疑ナキ所ニシテ本則ノ所得モ亦斯ク解セサルヘカラス所得税法ハ一時ノ所得ヲモ含ムニ拘ハラス所得ノ計算ハ主トシテ

收入豫算主義ヲ採リ第三種所得中山林所得ハ前年ノ實額ニ依リ賞與又ハ賞與ノ性質ヲ有スル給與及法人ヨリ受クル利益若クハ利息ノ配當又ハ剩餘金ノ分配ハ前年四月一日ヨリ其ノ年ノ三月末日ニ至ル收入實額ニ依ルモ其他ハ收入豫算主義ヲ採レリ前年實額主義ト收入豫算主義トノ得失ハ說岐ルルモ一時ノ所得ヲ算入スル場合ニハ前年若クハ前年度ノ實額主義ヲ以テスルコト脫漏ヲ防止スル上ニ於テ得策ナルカ如シ然ルニ本條ハ所得稅法ニ於ケルト同樣ニ原則トシテ豫算主義ヲ採用セリ卽チ本條ノ規定ニ依レハ

(甲)所得中收入實額主義ニ依ルモノハ左ノ如シ

(一)山林ノ所得、前年ノ總收入金額ヨリ必要ノ經費ヲ控除シタル金額

(二)賞與又ハ賞與ノ性質ヲ有スル給與、前年四月一日ヨリ其ノ年三月末日ニ至ル期間ノ收入金額

(三)法人ヨリ受クル利益若ハ利息ノ配當又ハ剩餘金ノ分配、前年四月一日ヨリ其ノ年三月末日ニ至ル期間ノ收入金額但シ無記名式ノ株式ヲ有スル者ノ受クル配當ハ同期

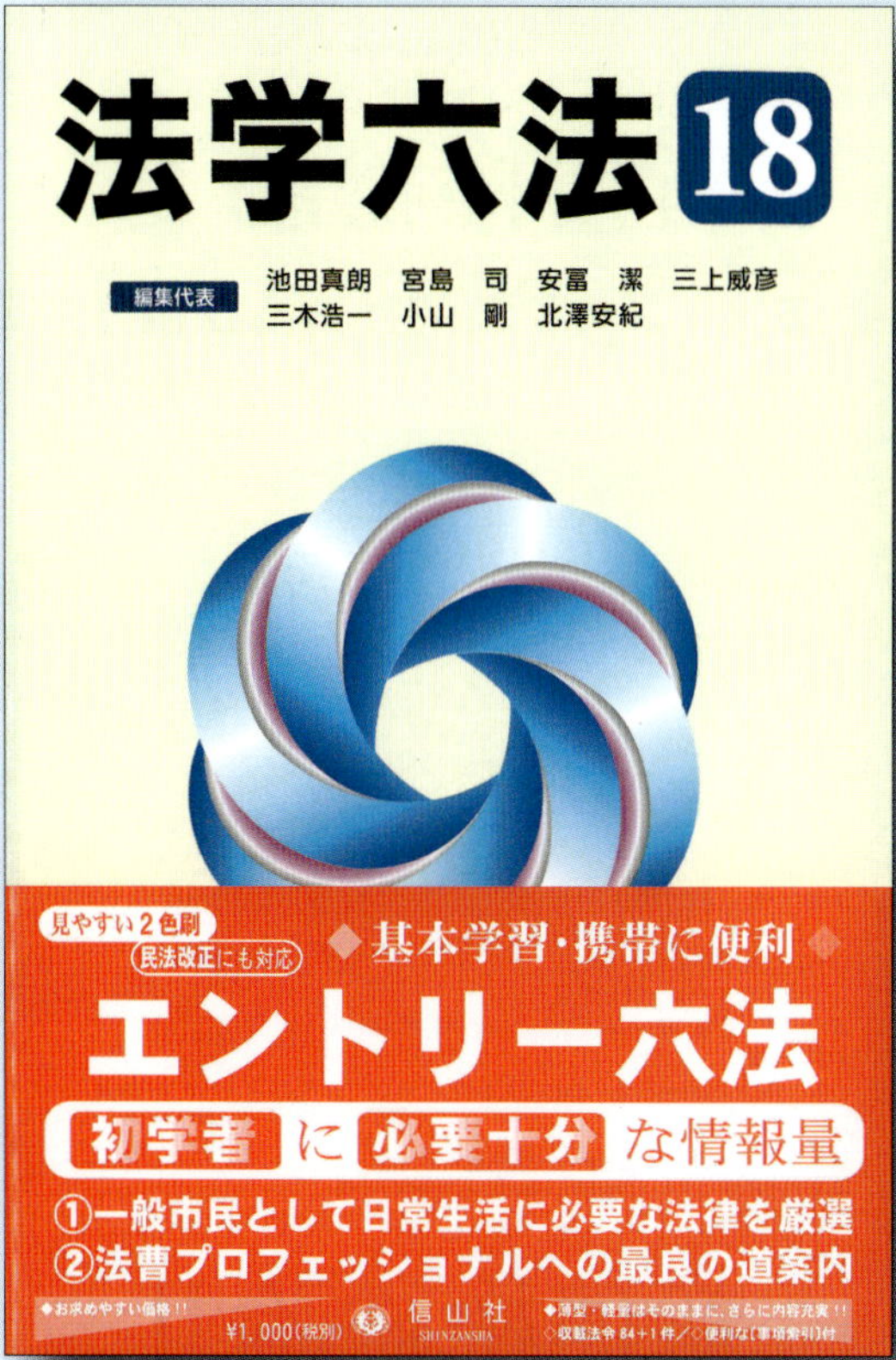

四六・618頁・並製　ISBN978-4-7972-5748-9

定価：本体 **1,000** 円＋税

18年度版は、「民法（債権関係）改正法」の他、「天皇の退位等に関する皇室典範特例法」「都市計画法」「ヘイトスピーチ解消法」「組織的犯罪処罰法」を新規に掲載、前年度掲載の法令についても、授業・学習に必要な条文を的確に調整して収載した最新版。

信山社　〒113-0033 東京都文京区本郷6-2-9
TEL:03(3818)1019 FAX:03(3811)3580

法律学の森

潮見佳男 著（京都大学大学院法学研究科 教授）

新債権総論Ⅰ

A5変・上製・906頁 7,000円（税別） ISBN978-4-7972-8022-7 C3332

新法ベースのプロ向け債権総論体系書

2017年（平成29年）5月成立の債権法改正の立案にも参画した著者による体系書。旧著である『債権総論Ⅰ（第2版）』、『債権総論Ⅱ（第 3 版）』を全面的に見直し、旧法の下での理論と関連させつつ、新法の下での解釈論を掘り下げ、提示する。新法をもとに法律問題を処理していくプロフェッショナル（研究者・実務家）のための理論と体系を示す。前半にあたる本書では、第 1 編・契約と債権関係から第 4 編・債権の保全までを収める。

【目　次】

〈編著者紹介〉
潮見佳男（しおみ・よしお）
　1959 年　愛媛県生まれ
　1981 年　京都大学法学部卒業
　現　職　京都大学大学院法学研究科教授

新債権総論Ⅱ

A5変・上製 6,600円（税別） ISBN978-4-7972-8023-4 C3332

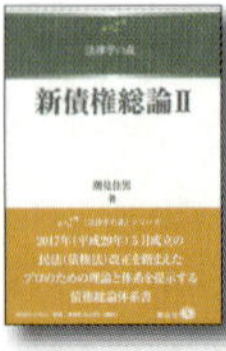

1896 年（明治29年）の制定以来初の民法（債権法）抜本改正

【新刊】
潮見佳男著『新債権総論Ⅱ』
　第 5 編　債権の消滅 / 第 6 編　債権関係における主体の変動
　第 7 編　多数当事者の債権関係

〒113-0033 東京都文京区本郷6-2-9-102 東大正門前
TEL:03(3818)1019 FAX:03(3811)3580 E-mail:order@shinzansha.co.jp
信山社 http://www.shinzansha.co.jp

間ニ於テ支拂ヲ受ケタル金額

法人ノ社員其ノ退社ニ因リ持分ノ拂戻トシテ受クル金額カ其ノ退社當時ニ於ケル出資金額ヲ超過スルトキハ其ノ超過金額ハ之ヲ其ノ法人ヨリ受クル利益ノ配當ト看做ス又株式ノ消却ニ依リ支拂ヲ受クル金額カ其ノ株式ノ拂込濟額ヲ超過スルトキハ其ノ超過金額ハ之ヲ其ノ法人ヨリ受クル利益配當ト看做ス

(乙)收入豫算主義ニ依ルモノハ左ノ如シ

(一)田又ハ畑ノ所得、前三年間毎年ノ總收入金額ヨリ必要ノ經費ヲ控除シタルモノノ平均ニ依リ算出シタル收入豫算年額但シ前三年以來引續キ自作ヲ爲サス小作モ爲サス又ハ小作ニ付セサル田又ハ畑ニ在リテハ其ノ近傍類地ノ所得ニ依リ算出シタル收入豫算年額

(二)俸給、給料、歲費、年金、恩給、退隱料及此等ノ性質ヲ有スル給與、營業ニ非サル貸金ノ利子竝公債、社債、預金及貯金ノ利子、其ノ收入豫算年額

（三）前ニ列記シタル以外ノ所得、總收入金額ヨリ必要ノ經費ヲ控除シタル收入豫算年額

茲ニ豫算年額ト謂フハ曆年間ニ於ケル豫算額卽チ其ノ年一月ヨリ十二月迄ノ收入豫算額ノ意ナリ

年度開始ノ日ノ屬スル年ノ翌年ニ戶數割ヲ賦課スル場合例セハ大正十一年度ノ開始スル日ハ大正十一年四月一日ニシテ其ノ日ノ屬スル年ノ翌年ハ大正十二年ナリ故ニ大正十二年ニ戶數割ヲ賦課スル場合ニ於テハ最近ノ戶數割賦課ノ時ニ算定シタル所得額ヲ以テ其ノ資力算定ノ標準ト爲スモノト定ム但シ其ノ未タ所得ノ算定ナカリシ者ニ付テハ標準ト爲スヘキ所得額存セサルカ故ニ年度開始ノ日ノ屬スル年卽チ前例ニ依レハ大正十一年ヲ基準トシ前各號ノ例ニ依リ所得額ヲ算定スヘキモノトス茲ニ「翌年」トアルヲ以テ翌年ニ於テ賦課スルモノナルニ於テハ次年度ノ戶數割賦課ニ付テモ亦前年ニ算定シタル所得額ニ依リ得ルカ如ク見ユル嫌ナキニアラサルモ此ノ規定ヲ設ケタルハ

所得ノ計算ハ收入豫算主義ヲ採用シ暦年ニ依ル所得見込額ヲ以テ資力算定ノ標準ト爲セシヲ以テ同一年度ナルモ翌年ニ於テ賦課スル場合ニハ更ニ賦課ヲ爲ス年ノ所得見込額ヲ以テ資力算定ヲ要スルカ如ク解セラレサルニアラス故ニ賦課ノ年ヲ異ニスルモ同一年度ノ課税ニ在リテハ所得額ハ初年ノ見込額ヲ以テ算定スルノ趣旨ヲ明カニシタルモノニシテ「翌年」ニハ次年度ノ賦課ヲ含ムモノニアラサルコト勿論ナリトス

本條ニ所謂所得トハ所得税法第三條ニ所謂第三種所得ト全然範圍ヲ同フスルモノニ非ス即チ各種個々ノ所得ニ付テハ税務署ノ調査ヲ參酌シ略ホ同様ニナルヘキコトトスルモ之ヲ綜合シタル上ニ於テハ國税所得税ノ課税標準タル所得額ト同一ニナラサルモノナルコトハ勿論ナリ

所得税法第十四條ニ付テノ行政判例ヲ參考ノ爲左ニ掲ク

〔行政判例〕

○第三種所得金額ハ總收入ヨリ必要ナル經費ヲ控除シテ之ヲ算出スヘク而シテ其必要ナル經費

トハ種苗購買費業務ニ係ル公課雇人ノ給料ノ如キ收入ニ對シ直接必要ナル費用ヲ指スコト所得稅法第四條第一項第三號及同法施行規則第一條ノ規定ニ徵シテ明カナリ然ルニ本件原告ノ支出セル家屋買入資金ニ對スル利子ハ資產增加ノ爲ニスル借用金使用ノ對價ニシテ家賃ナル收入ニ對シ直接必要ナル經費ナリト謂フヲ得ス又保險料ノ如キモ買入レタル家屋ノ危險防禦ノ爲ニ支拂フニ過キスシテ家賃ナル收入ト何等關係ヲ有スルコトナシ要スルニ本件係爭ノ利子及保險料ハ所得稅法ニ於ケル必要ナル經費ニ該當セサルカ故ニ原告ノ主張ハ理由ナキモノトス（四十三年六月宣告）

○原告ハ山林所得中立木ヲ元松一二ノ山林ト交換シタルモノニ付キ其賣買ニ非サルヲ理由トシ之ヲ臨時ノ收入ト認ムヘク從テ此收入ハ所得稅課稅外タルヘシト主張スルモ山林ハ普通其立木ノ處分ニ依ル收益ヲ目的トスルモノナルカ故ニ既ニ其立木ヲ處分スル以上ハ其方法カ賣買ニ非サルヲ理由トシテ之ヲ臨時ノ收入トシ課稅外ノ所得トスヘキモノニ非ス從テ被告カ原告ノ山林所得計算ヲ爲スニ當リ元松一二ニ交付シタル立木ノ價額ヲ除算セサリシハ正當ナリ、原告ハ日田銀行ヘノ預金ハ定期預金ニ非サルカ故ニ其利子ハ課稅外タルヘシト云フモ所得稅法ニハ預金

トアリテ預金ノ種類ヲ限定セサルヲ以テ被告ノ計算ヲ直ニ不法ナリト謂フヘキニ非ス、然レト
モ該債權ノ契約利率（十圓ニ付キ日步三錢四厘）及ヒ延滯利率（十圓ニ付キ日步一錢五厘）ハ共ニ
利息制限法ノ所定利率ヲ超過シ合谷勝之助ニ對スル債權契約利率モ利息制限法ノ利率ヲ超過ス
ルヲ以テ此等債權ノ利子ハ利息制限法所定ノ利率ニ依テ計算スルヲ相當トシ其他ノ債權ノ契約
利率ハ利息制限法ノ所定利率ヲ超過セサルヲ以テ契約利率ニ依リ其利子ヲ計算スヘキモノトス
（四月年四年宣告）

○按スルニ大正二年法律第十三號ニ依ル改正前ノ所得稅法第四條第一項第三號ニ所謂手當金ハ
稅務署長カ決定當時ノ現況ニ從ヒ豫算年額ニ依リ其金額ヲ算出スヘキモノトス從テ本件所爭ノ
收入ノ性質カ臨時偶發的ノモノニ非スシテ其金額ヲ豫定シ得ル以上ハ其所得者カ之ニ對スル請
求權ヲ有スルト否ト又所得者カ申告ノ際其金額ヲ確定的ニ豫算シ得ルト否トヲ問ハス之ヲ所得
稅法ニ所謂手當金トシテ第三種所得ニ計算スヘキモノトス而シテ本件所爭ノ收入カ其性質上支
給セラルルヲ常態トシ普通ノ事情ノ下ニ於テハ其給與額ヲ豫算シ得ルコト豫算中雜事手當ニ計
上セラルル金額ノ一部カ臨時偶發的ノ給與トシテ支出セラルルノ事實アルカ爲ニ特殊ノ事由ニ

基カサル本件慰勞賞與カ性質上臨時偶發的ノモノトナルヘキニ非サルコト及ヒ本件慰勞賞與ニ支給ノ目的ヲ以テ當該年度豫算ニ金額ヲ計上シアル以上稅務署長ノ所得金額決定以後ニ於テ賞與金取調心得ナル規定ノ改廢慰勞賞與支給方針ノ變更アルモ被告ノ決定ヲ不當トスヘカラサルコトハ當廳大正二年第二十二號事件ニ關スル同年十二月二十七日宣告判決理由ニ說明スル如クナルヲ以テ原告ノ請求ハ理由ナシト爲ササルヘカラス（大正三年七月宣告）

○所得稅附加稅ハ所得ニ對スル租稅ニシテ收入ヲ得ルニ必要ナル經費トシテ控除スヘキモノニアラス又家屋原價償却金火災保險料亦本件貸家收入ニ對シ所得稅法ニ所謂必要經費ナリト云フヲ得ス然レトモ借地料及家屋稅同附加稅ハ本件家貸收入ヲ得ルニ必要ナル經費トシテ控除スヘキモノニ屬ス（大正五年四月宣告）

○市制第百四條ニ基ク東京市ノ名譽職員費用辨償ニ關スル規程ニ依リ市會議員ノ受クル費用辨償額ハ市會議員トシテノ職務ノ執行ニ要スル車馬賃他其ノ實費ヲ償還スル爲ノ給與ニ外ナラスシテ勤勞ニ對スル報酬ニ非ス又右報酬ヲ包含スルモノニ非サレハ所得稅法第四條ノ三第一號ニ所謂手當又ハ歳費ナリト爲スヘキニ非ス（大正五年五月宣告）

○小作ニ對シタル田畑ノ所得ニ就キテハ前三箇年ノ各年分小作料トシテ其各年ニ於テ收入シタルモノ及ヒ其各年分小作料トシテ收入スヘキモノヲ總收入トシテ計算スヘキモノトス（大正六年三月宣告）

○契約小作米ハ時價ニ依リ換算スヘキモノトス（大正六年三月宣告）

○遲滯小作料ニ對シテ收入スル利息所得ハ田畑ノ所得ニアラサルカ故ニ其年分ノ收入ヨリ必要經費ヲ控除シタル豫算額ニ依リ計算スヘキモノトス（大正七年三月宣告）

○縣税所得割ハ必要經費トシテ控除スヘキモノニアラス（大正六年三月宣告）

○地主カ無料ニテ揚水用踏車ヲ貸與セサルトキハ小作セサルノ慣習アル場合ニ於テ其踏車ノ修繕費ハ之ヲ必要經費トシテ控除スヘキモ其買入代金ハ必要經費トシテ控除スヘカラサルモノトス（大正六年三月宣告）

○貸家所得ノ計算ニアリテハ税務署ニ於テ其所得決定以前ニ既ニ生シタル必要經費ハ其額ヲ又決定以後ニ屬スル必要經費ハ豫算額ヲ必要經費トシテ控除スヘキモノトス（大正六年三月宣告）

○貸金ノ所得ノ計算ニ當リテハ抵當權ノ登記未タ抹消セラレサルモ其債權ニシテ既ニ消滅シタ

ル事實ノ認ムヘキモノハ其利息ヲ計算スヘキモノニアラス（大正六年三月宣告）

○貸金營業ノ所得ハ運轉資本ニ對スル總收入豫算額ヨリ必要經費豫算額ヲ控除シテ計算スヘキモノトス（大正六年三月宣告）

○貯水池及水門ヲ築造スルカ爲メニ要シタル費用ハ新資產ノ取得ニ要シタルモノニ外ナラス所謂收入ヲ得ルニ必要ナル經費ニアラス又新開不毛ノ土地ノ開墾整理ハ場所物件ノ修繕ニハアラス之ニ要シタル費用ハ其ノ土地ヨリ收入ヲ得ルニ必要ナル經費ト爲スヘキニアラス倉庫ハ小作米其ノ他土地ノ產物ヲ貯藏スルニ必要ナル設備ナリトスルモ倉庫ノ修繕費ハ收入ヲ得ルニ必要ナル經費ニアラス（大正六年三月宣告）

○貸家ヲ共有シ其持分ニ對スル家賃ヲ收得スル權利ヲ有スル者ナルニ於テハ假令他ノ共有者ノ一人カ家賃ヲ領收シタル儘ニテ未タ共者ヨリ交付ヲ受ケサルモ右貸家ニ對スル所得ヲ豫算シ之ヲ第三種所得ニ計算スルモ不當ニアラス（大正七年三月宣告）

○立竹木ヲ土地ト共ニ讓渡シタル場合ニアリテハ讓受人ヲシテ山林ヲ伐採セシムルコトニ依ル所得アリト爲スヘキ特種ノ場合ノ外其立竹木ニ關スル所得ハ之ヲ所得稅法第四條ノ三ニ所謂山

林伐採ノ所得ト爲スヘキニアラス（大正八年五月宣告）

○投機事業ニ屬スル收入年額ト雖モ諸般既知ノ事實ニ依リ之ヲ豫算シ得サルモノニアラス（大正八年三九號八年十一月二十六日宣告）

○數年間反覆繼續シテ行ヒタル定期米賣買ニ因ル所得ハ營利ノ事業ニ屬スル所得ニシテ所得税法第五條第四號ニ該當セス（同　上）

○海運業ニ因ル第三種所得ハ所得税法第四條ノ三及同法施行規則第一條ノ規定ニ從ヒ收入豫算金額ヨリ其ノ收入ヲ得ルニ必要ナル經費ヲ控除シタル豫算年額ニ依リ之ヲ算定スヘキモノニシテ船舶ノ時價減損額ノ如キハ經費即チ支出スヘキ費用ニ非サルコト言フヲ俟タサル所ナリ（大正九年三〇號九年四月十五日宣告）

○割引ノ方法ニ依リ發行シタル國庫證劵ヲ賣買スルハ單ニ一定ノ價格ヲ以テ劵面額ノ債權ヲ其證劵ト共ニ移轉スルモノニシテ買主ハ劵面額ヲ賣主ニ支拂ヒ賣主ハ更ニ利子ノ前拂トシテ買主ニ未經過日數ニ對スル割引料ヲ拂渡スルモノニアラスト認ムルヲ相當トス（大正八年五一號九年四月十九日宣告）

○桐ハ畑ニ植栽スルモノニシテ桐ノ生育地ハ通常桐畑ト稱シ畑ト認メラルルカ故ニ公簿上畑タル本件桐木生育地ハ所得稅法ノ適用上亦之ヲ畑ト認メ之ニ生育セル桐ノ伐採所得ハ同法第十四條第一項第二號ノ畑所得ニ該當スルモノト解スルヲ相當トス然レハ被告カ本件桐伐採所得ヲ山林所得トシテ決定通知シタルハ失當ニシテ原告ノ所得金額ハ更ニ査定ヲ要スルモノトス（大正十年七八號十年七月三十五日宣告）

省令第四條　所得トハ總收入ヲ謂フモノニアラス生產費ヲ控除シタルモノノ意ナリ而シテ控除スヘキ生產費ハ所得稅法施行規則第七條ノ例ニ倣ヒ之ヲ規定スルヲ必要トシ本條ニ之ヲ規定セルモノニシテ經費トハ種苗、蠶種、肥料ノ購買費、家畜其他ノモノノ飼養料、仕入品ノ原價、原料品ノ代價、場所物件ノ修繕料又ハ借入料、場所又ハ物件若ハ業務ニ係ル公課、雇人ノ給料其ノ他收入ヲ得ルニ必要ナル經費ニ限ル家事上ノ費用及之ニ關聯スルモノハ生產費ト謂フヲ得サルヲ以テ控除スルノ限リニ非サルナリ

省令第五條　所得ハ總收入ヨリ損失ヲ控除シタルモノヲ謂フ本條ハ損失ノ控除方ニ關

シ所得税法第八條第二項ノ例ニ倣ヒ規定セルモノニシテ省令第三條第一號ノ規定ニ依ル所得（田若ハ畑ノ所得）又ハ第六號ノ規定ニ依ル所得（第一號乃至第五號ニ掲記セサル所得）ノ計算ニ付損失アル場合ニハ省令第三條第一號ノ規定ニ依ル所得（田若ハ畑ノ所得）同條第三號ノ規定ニ依ル所得（俸給、給料、歳費、年金、恩給、退隱料及此等ノ性質ヲ有スル給與、營業ニ非サル貸金ノ利子竝公債、社債、預金及貯金ノ利子ノ收入）及同條第六號ノ規定ニ依ル所得（同條第一號乃至第五號ニ掲記セサル所得）ノ合計額ヨリ之ヲ差引計算スルモノト爲セリ

省令第六條　本條ハ少額ノ勤勞所得ニ對シ宥恕計算ヲ爲スヲ必要トシ所得税法第十五條ノ例ニ倣ヒ規定セルモノニシテ所得中ニ勤勞所得即チ俸給給料歳費年金恩給退隱料賞與此等ノ性質ヲ有スル給與アルトキハ其ノ者ノ所得總額ヨリ左ノ區別ニ從ヒ控除ヲ爲スモノトス但シ所得總額一萬二千圓ヲ超ユルモノニハ控除ヲ爲サス

（一）所得總額一萬二千圓以下ノモノ　　其ノ内勤勞所得ニ付其ノ十分ノ一

（二）同　　六千圓以下ノモノ　　同　　十分ノ二
（三）同　　三千圓以下ノモノ　　同　　十分ノ三
（四）同　　千圓以下ノモノ　　同　　十分ノ四

省令第七條　本條ハ老幼癈疾者等人的事情ヲ考慮シテ宥恕計算ヲ爲スノ必要アルモノニ關シ所得稅法第十六條第一項ノ例ニ倣ヒ規定セルモノナリ省令第三條乃至第六條ノ規定ニ依リ算出シタル所得金額三千圓以下ナル場合ニ於テ納稅義務者及之ト生計ヲ共ニスル同居者中ニ共ノ年四月一日ニ年齡十四歲未滿若ハ六十歲以上ノ者又ハ不具癈疾者アルトキハ納稅義務者ノ申請ニ依リ其所得中ヨリ左ノ區別ニ從フ金額ヲ控除スヘキモノトス

一　所得千圓以下ナルトキ　年齡十四歲未滿若ハ六十歲以上ノ者又ハ不具廢疾者　一人ニ付百圓
二　所得二千圓以下ナルトキ　同　一人ニ付七十圓
三　所得三千圓以下ナルトキ　同　一人ニ付五十圓

不具癈疾者トハ心神喪失ノ常況ニ在ル者聾者啞者盲者其ノ他重大ナル傷痍ヲ受ケ又ハ不治ノ疾患ニ罹リ常ニ他人ノ介護ヲ受クルモノヲ謂フコトハ本條第二項ニ之ヲ規定ス本條ノ申請ハ知事又ハ其ノ指定シタル行政廳ニ提出セシムヘキモノトス而シテ所得ノ調査ヲ市町村長ニ委任シ又ハ市町村會ノ議決ニ付シタル場合ニ於テハ市町村長ニ之ヲ提出セシムルコトト爲スヲ便宜トス又申請書ノ提出期限ヲ定ムルノ必要アリトセハ知事ニ於テ之ヲ定ムルコトヲ得ルモ年度開始ノ日以後ニ於テ寛大ニ日限ヲ規定シ納稅義務者ヲシテ不便ヲ感セシムルカ如キコトナキ樣注意スルヲ要ス

省令第八條 本條ハ所得中特種ノ收入ニ付テハ國家ノ政策上之ヲ所得ニ算入スルヲ適當ナラストシ所得稅法第十八條ノ例ニ倣ヒ本條ニ之ヲ規定セリ卽チ左ノ各號ノ一ニ該當スルモノハ戶數割納稅義務者ノ所得額ニ之ヲ算入セサルモノトス

一 軍人從軍中ノ俸給及手當

二 扶助料及傷痍疾病者ノ恩給又ハ退隱料

三旅費、學資金、法定扶養料及救助金
四營利ノ事業ニ屬セサル一時ノ所得
五日本ノ國籍ヲ有セサル者ノ外國ニ於ケル資産職業又ハ營業ヨリ生スル所得
六乘馬ヲ有スル義務アル軍人カ政府ヨリ受クル馬糧、繫畜料及馬匹保續料
七國債ノ利子
本條第三號ニ所謂「救助金」ニハ明治七年十二月太政官達第百六十二號恤救規則ニ依ル救助米代ヲ包含ス大正六年法律第一號軍事救護法ニ依ル救護金品ハ救助金ニ含マサルモ同法第十七條ノ規定アルヲ以テ所得ヨリ之ヲ除外スヘキモノト解スヘキナリ
所得税法第十八條ニ付テノ行政判例ヲ參考ノ爲左ニ掲記ス
○原告ハ營業賣却益金ハ營利ノ事業ニ屬セサル所得ナリト主張スレトモ營業ノ賣却ハ原告ニ於テ之ヲ繼續スルヨリモ賣却スルヲ利益ナリトシテ爲シタルモノナレハ之ニ因リテ得タル利益ハ營利ノ事業ニ屬スル所得ナリト謂ハサルヲ得ス（四十一年十一月宣告）

○原告カ醫籍ニ登錄セラレ居ルコト及ヒ原告カ朋友人知ト稱スル者ノ範圍甚タ廣ク而シテ原告カ常ニ其依賴ニ應スルコトハ原告ノ爭ハサル事實ニシテ此事實ヨリ之ヲ觀レハ其報酬ハ所得稅法第五條第五號ニ所謂一時ノ所得ト謂フヲ得ス蓋シ同法ノ一時ノ所得トハ臨時又ハ偶然ノ收入ヲ指スモノニシテ本件ノ如キ收入ヲ指スモノニ非ス(四十二年六月宣告)

○原告ハ本件配當金ハ原告カ臺灣ニ在ル東洋製糖株式會社ニ投シタル資金ヨリ得ル所得ナレハ同法第五條第六號ノ所得ナリト主張スルモ原告ノ株式金額トシテ拂込ミタル資金ハ既ニ原告ノ資金ニ非ス原告ノ資產ハ原告カ株主トシテ有スル權利ナリトス而シテ原告ハ東京ニ住所ヲ有スルモノナレハ此權利ニ依テ收得スル本件配當金ハ原告ノ臺灣ニ於ケル資產ニ依ル所得ナリト謂フヲ得ス(四十三年十月宣告)

○原告ノ米穀販賣カ收益ノ目的ヲ以テ爲サヽルモノニ非スシテ原告カ定期取引ノ結果トシテ引取リタル現物ヲ處分スルカ爲ニ外ナラサルハ甲第一號證卽チ原告ト被告トノ間ニ於ケル營業稅課稅ニ關スル當裁判所ノ「明治四十一年第一七七號事件判決理由ニ明治四十年ニ於テ原告カ每月(九月限ヲ除ク)受米ヲ爲シ委託販賣ヲ爲シタルハ畢竟自己ノ當初ノ意思ニ反シ受米ヲ成サ

サルヲ得サルノ境遇ニ陥リタルノ結果之ヲ處分スルカ爲ニ已ムヲ得サルニ出タルモノニシテ米穀販賣ヲ營業ト爲シタリト認メサルコト相當ニシテ」トアルニ依リテ明ナリト然レハ原告カ本件米穀販賣ニ依リテ繼續的ニ收入ヲ得ルモ是ニ依リテ所得ヲ得ントスルカ如キハ全然豫期セサル所ニシテ假令是ニ依リテ所得ヲ得タルノ事實アリトスルモ其所得タルヤ臨時偶發的性質ノモノニ外ナラス故ニ原告ノ米穀販賣ニ依ル所得ハ所得税法第五條第五號ニ所謂營利ノ事業ニ屬セサル一時ノ所得ニ該當スルモノトシテ原告ノ第三種所得金額決定ニ當リ除算スヘキモノトス

（四十四年四月宣告）

○按スルニ投機事業ニ屬スル收入年額ト雖諸般既知ノ事實ニ依リ之ヲ豫算シ得サルモノニアラサルヲ以テ原告カ定期米賣買ニ因ル所得ハ收入年額ヲ豫算シ得ス從テ所得税課税ノ目的ト爲スコトヲ得スト爲ス主張ハ理由ナシ且原告カ數年前ヨリ定期米賣買ヲ爲シ之ヲ反覆繼續シテ行ヒタルモノニシテ該行爲ヨリ生スル所得ハ營利ノ事業ニ屬スル所得ナルヲ以テ該所得ハ所得税法第五條第四號ニ該當セス（大正八年一月宣告）

第二項　住家ニ依ル資力算定方法

第八條 二人以上ノ納稅義務者カ同一住家ヲ使用スル場合ニ於テハ各使用者ニ專屬スル部分ノ住家坪數ヲ以テ資力算定ノ標準タル住家坪數トス其ノ共同シテ住家又ハ其ノ一部分ヲ使用スル場合ニ於テハ其ノ住家坪數ハ之ヲ平分ス

本條ハ二人以上ノ納稅義務者カ同一住家ヲ使用スル場合ニ於ケル住家坪數ノ計算ニ關スル規定ナリ戶數割納稅義務者ノ資力ヲ算定スル標準ハ（一）納稅義務者ノ所得額（二）納稅義務者ノ住家坪數ニ依ルコトハ第三條ニ規定スル所ナリ然ルニ二人以上ノ納稅義務者カ同一ノ住家ヲ使用スルノ事實アル場合ニ於ケル住家坪數ノ計算ハ如何ナル方法ニ依ルヘキカ是レ法規ニ依リテ定メサルヘカラサル所ナリ故ニ本條ハ之ニ關シ規定ヲ設ク卽チ二人以上ノ納稅義務者カ同一ノ住家ヲ使用スル場合ニ於テモ使用ノ態樣ハ同シカラス從テ住家坪數ノ計算方法モ一樣ナルヲ得ス卽チ住家使用ノ態樣ハ（一）住家ノ各一部ヲ各使用者ニ區分シテ其ノ專用ニ供スルモノト（二）住家ノ全部若ハ一部ヲ各使用者ニ區分スルコトナク共同シテ使用スル場合トアリ（一）ノ場合ニ於テハ各使用

者ニ專屬スル部分ノ住家坪數ヲ以テ資力算定ノ標準タル住家坪數ト爲シ（二）ノ場合ニ於テハ共同使用スル住家ノ全部又ハ一部分ノ坪數ヲ平分シ之ヲ以テ資力算定ノ標準タル住家坪數ト爲スコトト定ム

本條ニ所謂坪數トハ建坪ノ謂ニシテ庇ヲ包含セス同一ノ住家ヲ二人ニテ使用スル場合例セハ二階家ヲ甲乙ノ二人ニテ使用スル場合ニ甲ハ階上ノ各室ヲ使用シ乙ハ階下ノ各室ヲ使用シ炊事場便所及之ニ通スル廊下ハ甲乙共同使用スルノ事實ナルトキハ甲ハ階上各室ノ坪數ハ其ノ專用ノ坪數ニシテ之ニ乙ト共同使用スル炊事場、便所之ニ通スル廊下並ニ玄關、表口ニ至ル庭ノ坪數ノ二分ノ一ヲ加ヘタルモノヲ甲ノ住家坪數トシ乙ハ階下各室ノ坪數ハ其ノ專用ノ坪數ニシテ之ニ甲ト共同使用スル炊事場、便所之ニ通スル廊下並ニ玄關、表口ニ至ル庭ノ坪數ノ二分ノ一ヲ加ヘタルモノヲ乙ノ住家坪數トシテ計算スヘキナリ

第九條　住家ノ附屬建物ハ住家坪數ニ之ヲ算入ス

2住家坪數ニ依ル資力算定ニ付テハ建物ノ構造、用途及敷地ノ地位ニ依リ等差ヲ設クルコトヲ得

本條ハ住家ノ附屬建物ノ坪數ノ計算及住家坪數ニ依ル資力ノ算定ニ等差ヲ設クルコトニ付テ規定セリ

第一項 住家ノ附屬建物例セハ住家ト別棟ノ離レ座敷、茶席、書齋、浴室、炊事場、井戸屋形、便所等ノ如キハ固ヨリ住家ニアラサルモ住家ト一體ヲ爲シテ住家ト齊シキ效用ヲ爲スモノナレハ之ヲ住家ト看做シ住家坪數ニ依ル資力算定ノ標準ニ加フルコトハ納稅義務者ノ生活狀態ヲ表現スルニ付テ必要ノコトナリ故ニ本項ニ於テ住家ノ附屬建物ハ住家坪數ニ之ヲ算入スト規定シタルナリ

第二項 住家ノ坪數ニ依リテ生活狀態ノ如何ヲ表現スルコトハ郡町村ニ於テハ可能ナルヘキモ都市及都市ニ近接セル町ニ在リテハ單ニ住家ノ廣狹ノミニ依リテ生活狀態ヲ遺憾ナク表現シタルモノト爲スヲ得サル場合アリ蓋シ同一坪數ノ住家ト雖モ其ノ構造

ニ依リ其ノ用途ニ依リ其ノ敷地ノ地位ニ依リ其ノ良否ノ差別アルコトヲ認メ得ヘシ斯ル場合ニハ夫レ等ノ事實ヲ斟酌スルニ依リテ生活狀態ハ一層明白ニ表現サルルモノト謂ハサルヘカラス故ニ住家ノ坪數ニ依ル資力ヲ算定スルニ當リ建物ノ構造、用途及敷地ノ地位ヲ斟酌シテ等差ヲ設クルコトヲ適當ナリト爲スニ於テハ之ヲ設クルコトヲ得セシムル旨ヲ本項ニ規定セリ此ノ等差ヲ設クルヤ否ヤハ地方ノ實況ニ依ルヘキモノナレハ全府縣下劃一的ニ之ヲ設クヘキモノニアラス其ノ之ヲ設クヘキヤ否ヤハ市町村會ヲシテ之ヲ議決セシムルコトニ府縣ノ賦課規則ニ於テ之ヲ定ムルヲ適當ナリトス而シテ等差ヲ設クル場合ニ於ケル等差ハ各市町村ノ實況ニ適應セシムルコト必要ノモノナレハ市町村會ニ付シテ之ヲ議決セシムルコト適當ナリトス

建物ノ構造トハ平家、二階、三階、地下室等ノ構造ハ勿論煉瓦造、石造、人造石造「コンクリート」造、木造、土藏造、木骨煉瓦造、木骨石造、鐵筋「コンクリート」造等ヲ謂ヒ建物ノ用途トハ居室、客室、應接室、玄關、廊下、階段室、外套室、便所、手

洗所、浴室、物置、食堂等ヲ謂ヒ敷地ノ地位トハ地價設定ニ用ヰタル地位等級ヲ指スニアラスシテ賦課ヲ爲ス當時ニ於ケル敷地ノ位地ヲ指ス義ナリ併シ地價設定ニ用ヒタル地位等級カ現狀ニ於テモ相當スル場合ニハ之ニ依ルヲ妨ケス

第十條 前二條ニ定ムルモノヲ除クノ外住家坪數ノ計算方法ニ付テハ府縣ノ賦課規則ノ定ムル所ニ依ル

本條ハ住家坪數ノ計算方法ニ付府縣ノ賦課規則ニ於テ定ムヘキ範圍ヲ定メタルモノナリ住家坪數ノ計算方法ハ法規ヲ以テ定ムキヘモノナリト雖各地方ノ事情ニ適切ナル方法ヲ設クルニハ本則ニ於テ劃一的ノ規定ヲ爲スヨリハ府縣ヲシテ實際ニ適合スヘキ規定ヲ設ケシムルヲ適當トス故ニ第八條及第九條ニ規定シタルモノヲ除クノ外住家坪數ノ計算方法ニ付必要ナル事項ハ府縣ノ賦課規則ニ於テ之ヲ定メシメ之ニ依ラシムルコトト爲セリ而シテ住家坪數ノ計算方法ニ付必要ノ事項トハ建物ノ坪數ハ曲尺方六尺ヲ以テ一坪トシ一坪未滿ノ端數ヲ切捨ツルカ如キ二階以上ノ建物ノ坪數ハ各別ニ之ヲ

計算スルカ如キ庇ノ坪數及二階以上ノ建物ノ昇降口ノ坪數ヲ算入セサルカ如キ又坪數ハ外法ヲ起點トシテ計算スルコトニ定ムルカ如キハ其ノ一例ナリ

第四款　戶數割配當方法

第四條　戶數割總額ハ豫算ノ屬スル年度ノ前前年度ニ於テ市町村住民（法人ヲ除ク）ノ賦課ヲ受ケタル直接國稅及直接府縣稅ノ稅額竝前年度始ニ於ケル戶數割納稅義務者ノ數ヲ標準トシ市町村ニ之ヲ配當ス但シ戶數割納稅義務者ノ數ヲ標準トスル配當額ハ戶數割總額ノ十分ノ五ヲ超ユルコトヲ得ス

2特別ノ事情アルトキハ府縣知事ハ府縣會ノ議決ヲ經內務大臣及大藏大臣ノ許可ヲ得テ前項ノ規定ニ拘ラス別ニ標準ヲ設クルコトヲ得

3配當額ハ配當後標準ニ異動ヲ生スルモ之ヲ更正セス

（關係法令）

明治三十三年勅令第八十一號府縣稅徵收ニ關スル件

第一條 市町村ハ其ノ市町村內ノ府縣稅ヲ徵收シ之ヲ府縣ニ納入スルノ義務ヲ負フ

2 前項徵收ノ費用トシテ地租附加稅ニ對シテハ其ノ徵收金額ノ千分ノ七其ノ他ノ府縣稅ニ對シテハ其ノ徵收金額ノ百分ノ四ヲ其ノ市町村ニ交付スヘシ

3 府縣ハ內務大臣及大藏大臣ノ指定シタル府縣稅ニ付テハ第一項ノ規定ニ拘ラス其ノ徵收ノ便宜ヲ有スル者ヲシテ之ヲ徵收セシルコトヲ得

本條ハ戶數割ヲ市町村ニ配當スル方法ヲ規定シタルモノナリ戶數割ハ從來ト雖府縣ハ直接ニ各納稅義務者ノ賦課額ヲ定ムルニ非スシテ一旦市町村ニ稅額ヲ配當シ其ノ內容ト爲ルヘキ各納稅義務者ノ賦課額ハ府縣制第百九條ノ規定ニ依リ市町村會ニ付シテ之ヲ議決セシメタリ然ルニ其ノ市町村ニ配當ヲ爲スノ方法ハ普通ニ行ハレタルハ府縣ノ歲入豫算ニ記載シタル戶數割ノ一戶平均課率ヲ當該市町村ノ賦課戶數ニ乘シテ得タル數ヲ以テ直ニ其ノ市町村ノ配當額ト爲シ別段當該市町村ノ資力如何ヲ考慮スルコト

ナシ故ニ市町村ニ於ケル各納稅義務者ニ對スル負擔ノ狀況ヲ觀レハ其ノ資力ノ程度略同一ナルニモ拘ハラス賦課ノ市町村ヲ異ニスルニ依リテ其ノ負擔ニ甚シキ懸隔ヲ見ルアリ又賦課ノ市町村ヲ異ニスル爲メ資力ノ寡少ナル者ニシテ資力ノ多額ナル者ヨリモ多クノ負擔ヲ爲ス者アリ又郡町村ニ於テ多額ノ資力ヲ有スル爲戸數割ノ多額負擔ニ任スヘキ者都市ニ全家出寄留シテ僅少ノ賦課ニ僥倖セムトスル者アル等斯ノ如キ結果ヲ呈スルハ納稅義務者ニ對スル課稅標準統一ナキ爲ナリト雖府縣カ市町村ニ配當ヲ爲スニ付何等資力ニ應スル配當標準ヲ設ケサルモノ其主因ヲ爲スモノト謂ハサルヲ得ス依テ各人ノ負擔ノ公正ヲ期スルニハ課稅標準ヲ一定スルト共ニ府縣カ市町村ニ配當ヲ爲スニハ其ノ市町村ノ資力ニ應シテ之ヲ爲スコトニ標準ヲ一定スルコトヲ緊要トス故ニ本條ニ市町村ノ資力ヲ表現スルニ足ル配當標準ヲ定メ負擔ノ公正ヲ保持セムコトヲ期セリ

本條ニ所謂市町村ニ之ヲ配當ストハ市町村ナル自治團體ニ戸數割ヲ分賦シ負擔セシ

ムルノ意ニアラスシテ市町村カ其市町村内ノ納税義務者ニ賦課シ徴收スヘキ戶數割總額ヲ定ムルノ意ナリ而シテ市町村カ市町村內ノ納稅義務者ヨリ之ヲ徵收シ府縣ニ納入スルノ義務ハ明治三十三年勅令第八十一號第一條ノ規定ニ依リテ負フ所ナルコトハ敢テ說明ヲ要セサルナリ

町村事務ノ全部ヲ共同處理スル町村組合ニ在リテモ町村組合ニ配當スルヲ得ス各町村ニ配當スルコトヲ要スルモノナルコトハ勿論ナリ

第一項　本項ハ戶數割ノ配當標準其ノ他配當ノ方法ニ付テ規定セリ戶數割ヲ市町村ニ配當スルニハ市町村ノ資力ヲ表現シ得ルモノヲ以テ其ノ標準ト爲スヲ必要トス蓋シ戶數割ノ配當ハ當該市町村ノ資力ニ適應セシムルヲ以テ唯一ノ目的ト爲スヘキモノナレハナリ當該市町村ノ資力ヲ表現スル爲ニ本則ニ於テハ(一)豫算ノ屬スル年度ノ前前年度ニ於テ其ノ市町村住民(法人ヲ除ク)ノ賦課ヲ受ケタル直接國稅及直接府縣稅ノ稅額(二)前年度始ニ於ケル戶數割納稅義務者ノ數ヲ以テ配當ノ標準ト爲スコトトシ之ヲ

以テ戸數割總額ヲ市町村ニ配當スルコトト本項ニ規定シタルナリ玆ニ「戸數割總額」トハ豫算ニ載セタル其ノ府縣（市部郡部ニ經濟ヲ分別シタル府縣ニ在リテハ市部、郡部）ノ戸數割總額ヲ指スモノニシテ追加豫算ニ在リテハ追加ニ係ル戸數割ノ額ヲ指スモノナリ

本項ニ依リ市町村ニ配當スル戸數割ノ額ハ年額ナルコト勿論ナレトモ戸數割ノ賦課期日ハ一年度ヲ二期ニ分チ四月一日、十月一日ノ現在ニ依リ賦課スルコトニ定ムルヲ妨ケス賦課期日ヲ二期ニ分ツ場合ニハ毎期ノ賦課額ハ配當年額ノ二分ノ一ニ依ルヘキハ當然ニシテ府縣ノ賦課規則中ニ之ヲ規定スルヲ適當トス本則第十一條第二項ノ賦課額ハ本條ニ依ル配當額ニ關係ナキモノニシテ其徴收額ハ配當以外トナルモノナリ「豫算ノ屬スル年度ノ前前年度」トハ例セハ大正十一年度ノ戸數割ノ配當ヲ爲スニハ其ノ豫算ハ大正十一年度ナレハ夫レヨリ遡リタル前前年度トハ大正九年度ノ意ナリ直接國税及直接府縣税ノ税額ハ前前年度所屬ノ課税ノ意ニ非スシテ前前年度四月一日ヨリ翌年三月三十一日迄ノ間ニ現實ニ賦課セラレタル税額ノ謂ナリ其税額ハ賦課額ニシテ實

納額ニ非ス若シ賦課額ニシテ更正アリタルトキハ其更正カ前年度ニ於テ爲サレタル場合ト雖更正額ニ依ルヘキナリ「直接國税」トハ納税地ノ何レナルヲ問ハス其ノ市町村住民ノ賦課ヲ受ケタルモノノ意ナリ「直接府縣税」トハ其ノ市町村住民カ賦課ヲ受ケタルモノヲ指シ住所地ニアラサル府縣ノ府縣税ヲ含ムモノナリ北海道ノ地方税ハ府縣税ト稱セサルモ府縣税ニ包含スルモノト解スヘキナリ然レトモ殖民地ニ於ケル地方税ハ本項ニ所謂府縣税ニアラサルヲ以テ包含セス市部、郡部ニ經濟ヲ分別シタル府縣ノ市部、郡部ニ於ケル府縣税ハ之ヲ通算スルコトヲ要シ大正八年法律第三十六號都市計畫法第六條ノ規定ニ依リ賦課シタル府縣税ニシテ省令第二號本則施行細則第一條ニ規定スル税種ニ該當スルモノハ亦直接府縣税ニ含ムコトハ勿論ナリ市町村住民ト然ラサル者トノ共有物共同事業共同行爲及共同事業ニ因リテ生シタル物件ニ對スル國税府縣税ニシテ直接國税直接府縣税タルヘキモノハ其ノ住民ニ對スル部分ハ本項ノ配當標準ニ加算スヘキモノト解セラルルニ依リ若其ノ分別方法ヲ定ムルノ必要アラハ府縣ノ賦課

規則中ニ之ヲ規定スヘキナリ

本則施行前ノ年度始ノ戸數割納税義務者ノ數ハ從前ノ規定ニ依ル義務者ノ數ヲ以テスルノ外ナキモ從前納税義務者ノ意義ニ付キ解釋一定セサリシモノナレハ之ヲ以テ配當標準ト爲スハ適當ナラサルニ依リ別ニ標準ヲ求ムルノ要アリ大正十一年内務省令第二號府縣税戸數割規則施行細則附則第二項ハ之ニ關シ規定ヲ設ケ本則第四條ノ標準中戸數割納税義務者ノ數ハ大正十一年度ニ限リ戸數ヲ以テ之ニ代フルコトト爲セリ茲ニ所謂戸數トハ其ノ市町村ノ現住戸數ヲ指スモノニシテ納税義務ヲ有スル者ノ戸數ノ意ニアラス從テ課税外ト爲シタル戸數ヲ控除スヘキモノニアラサルナリ

本則施行後ノ年度始ニ於ケル戸數割納税義務者ノ數ニハ本則第十四條ノ規定ニ依リ課税外タル者ノ數ヲ包含セシメサル趣旨ナレハ特ニ注意スヘシ

戸數割總額ヲ市町村ニ配當スルニ付各配當標準ニ於ケル配當歩合ヲ定ムルニハ府縣會ノ議決ニ依ルヘキナリ配當標準ニ「直接國税及直接府縣税ノ税額」ト規定シタルハ

直接國稅額ト直接府縣稅額トヲ一體ト爲シタルモノヲ以テ市町村ノ資力ノ表現ト見ルノ趣旨ナレハ直接國稅額ト直接府縣稅額トヲ區別シテ其配當率ヲ異ニスルカ如キハ適法ニアラス戶數割納稅義務者ノ數ニ依リ配當スル稅額ヲ無制限ト爲ストキハ配當標準ヲ設ケサリシ當時ト同一ノ結果ヲ生シ標準ヲ設ケタルコトハ意義ナキコトト爲ルヲ以テ本項ニ但書ヲ設ケ戶數割納稅義務者ノ數ヲ標準トスル配當額ハ戶數割總額ノ十分ノ五ヲ超ユルコトヲ得ストノ制限ヲ爲シタリ而シテ追加賦課ニ係ル戶數割ノ配當ハ定期ノ分ト通算スルコトナク納稅義務者ノ數ヲ標準トスル配當額ハ追加額ノ十分ノ五ヲ超ユルコトヲ得サルモノト解スルヲ穩當トス

本則ノ規定ニ基キテ定マリタル配當標準ノ數額ヲ確認シ府縣會ノ議決ヲ經テ定メタル配當率ヲ以テ戶數割總額ニ對スル市町村ノ配當額ヲ算出シ之ヲ確定スルハ行政行爲ニシテ府縣知事ノ執行權ニ屬シ府縣會ノ議決ヲ經ヘキモノニ非サルモ配當ノ手續ハ賦課規則中ニ之ヲ規定スヘク府縣知事ニ於テ市町村ニ配當ヲ爲スノ時期ハ豫算ノ確定シ

タルトキ速ニ之ヲ行フヘキモノニシテ其配當ハ關係市町村ニ之ヲ示達スルコトヲ要ス示達ノ形式ハ別段規定スル所ナキヲ以テ府縣知事ノ定ムル所ニ依ルヘキナリ

本則第十六條ニ直接税ノ種類ハ内務大臣及大藏大臣之ヲ定ムル旨ヲ規定ス此ノ規定ニ基キ内務大臣及大藏大臣ハ大正十一年内務省令第二號府縣税戸數割規則施行細則第一條ニ之ヲ規定セリ其規定ニ依レハ本則ニ於テ直接國税ト稱スルハ地租、第三種ノ所得ニ係ル所得税、營業税、鑛業税、砂鑛區税及賣藥營業税ヲ謂ヒ直接府縣税ト稱スルハ地租、第三種ノ所得ニ係ル所得税、營業税、鑛業税、砂鑛區税及賣藥營業税ノ附加税、營業税及雜種税（遊興税及觀覽税ヲ除ク）ヲ謂フモノナリ直接税タル府縣税ニ戸數割及家屋税ヲ加ヘサリシハ戸數割ノ配當標準トシテ至當ノコトナリ

第二項　特別ノ事情アリテ第一項ノ標準ニ依ルコトノ適當ナラサル場合ニ處スル爲本項ノ規定ヲ設ケ特別ノ事情アルトキハ府縣知事ハ府縣會ノ議決ヲ經内務大臣及大藏大臣ノ許可ヲ得テ前項ノ規定ニ拘ラス別ニ標準ヲ設クルコトヲ得セシム「特別ノ事情」

トハ第一項ニ規定スル配當標準ヲ以テシテハ其ノ市町村ノ資力ヲ適當ニ表現シ得サル事情ノ存スルヲ謂フ例セハ山間部ト平坦部トハ耕地ノ地價懸隔甚シク而カモ現時ノ地益ニ伴ハス又海岸部ハ新開地多ク今尚鍬下年季中ナルニ土地ノ收益ハ山間部ノ有租地ヨリモ多ク又國道沿ノ町村ニ在リテハ交通機關ノ變遷ニ依リ宅地ノ收益減少シテ地價ト伴ハス從テ耕地ノ地租額又ハ宅地ノ地租額ヲ以テ配當標準ト爲スハ市町村ノ資力ニ應スルモノト認メ難キ實情ニアルカ如キ或ハ村ノ全部カ國有地ニシテ地租ナキモノ或ハ全村カ海面埋立地ニシテ地租僅少ナレハ直接國稅額ヲ以テ其村ノ資力ヲ表現スルヲ得サルカ如キ或ハ宅地租ト第三種所得稅ノミヲ以テ標準ト爲スコト町村ノ資力ニ應セリト認メ得ヘキカ如キ或ハ非常變災ノ爲居住者激減シ前年度始メノ納稅義務者數ヲ標準ト爲スノ不適當ナルカ如キ或ハ本則施行ノ爲或ル町村カ從前ニ比シ數倍ノ配當ヲ受ケ其負擔ノ激變ヲ來スカ如キ是レナリ是等例示ノ場合ニ於テハ別段ノ標準ヲ設ケ之ニ依リテ市町村ノ資力ヲ適當ニ表現セシムルコトトシ以テ負擔ノ公正ヲ得シムルコト適

當ナルモ別段ノ標準ノ當否ハ各人ノ負擔ニ影響スル所多大ナレハ内務大藏兩大臣ノ許可ヲ受ケシムルコトト爲シタルナリ

第三項　第一項及第二項ノ配當標準ノ員數ニ誤謬アリタルコトヲ發見シタルトキハ配當額ヲ更正スヘキモノニシテ其ノ他配當標準ニ異動ヲ生シタル場合ニ於テモ之ヲ更正スルコト純理ヨリ見レハ至當ナレトモ些少ノ異動アリタル爲メ其ノ時々配當ヲ更正スルカ如キハ煩雜ナル手數ヲ要スヘキヲ以テ一旦配當ヲ爲シタル後ニ生シタル異動ニ付テハ更正ノ煩ヲ省クコトトシ本項ニ之ヲ規定シタリ而シテ配當ヲ爲シタル後ニ於ケル標準ノ異動ハ極テ稀ナルヘキモ例セハ訴願ノ裁決ノ確定若ハ判決ノ結果前前年度ノ直接國稅及直接府縣稅ノ賦課カ取消サレ若ハ賦課額ヲ變更セラレ或ハ前年度始ニ戸數割納稅義務者タリシ者カ納稅義務ナキコトノ確定シタル場合ノ如キ是レナリ

本條ニ定ムル配當標準ハ市町村ノ廢置分合境界變更ノ場合ニ適用シ難キ點アルヲ以テ大正十一年内務省令第二號府縣稅戸數割規則施行細則第二條ニ於テ市町村ノ廢置分

合又ハ境界變更アリタル場合ノ配當標準ニ關シ規定ヲ爲セリ

省令第二條第一項 戸數割ヲ賦課スヘキ年度ノ前前年度ニ於テ市町村ノ廢置分合又ハ境界變更アリタルトキハ關係市町村ニ於ケル本則第四條ニ規定スル配當標準中直接國税、直接府縣税ノ税額ハ府縣知事ノ定ムル所ニ依ルモノトス而シテ本項カ配當標準中直接國税、直接府縣税ノ税額ノミニ付テ規定シ前年度始ニ於ケル戸數割納税義務者ノ數ニ付テ規定セサリシハ前年度始ノ市町村ハ廢置分合又ハ境界變更後ノ市町村ナレハ其ノ市町村ノ戸數割納税義務者ノ數ハ明瞭シ居ルヲ以テナリ

省令第二條第二項 戸數割ヲ賦課スヘキ年度ノ前年度ニ於テ市町村ノ廢置分合又ハ境界變更アリタルトキハ關係市町村ニ於ケル本則第四條ニ規定スル戸數割配當標準卽チ豫算ノ屬スル年度ノ前年度ニ於ケル市町村住民ノ賦課ヲ受ケタル直接國税及直接府縣税ノ税額竝前年度始ニ於ケル戸數割納税義務者ノ數ハ府縣知事ノ定ムル所ニ依ルモノトス戸數割ヲ賦課スル年度ニ於テ其ノ配當ヲ爲ササル前ニ市町村ノ廢置分合又ハ境界變更アリタルトキ關係市町村ニ於ケル戸數割配當標準モ府縣知事ノ定ムル所ニ依ルモノト爲セリ右ニ府縣ノ境界ニ渉リ町村ノ廢置分合境界變更アリタル場合ニハ本項ノ府縣知事ノ定ムヘキ事項ハ關係府縣知事便宜協議ノ上各其ノ管内ノ町村ニ關スル事項ヲ定

ムルコトト爲スヘキモノト解スヘキナリ省令ニ於テ關係市町村ト謂フハ廢置分合境界變更ニ關係アル市町村ノ謂ニシテ又省令ヲ適用スルハ市町村ノ廢置分合及境界變更ノ地域ニ住民ノ存在スルモノニ限ル例セハ耕地整理ノ爲境界ノ變更ヲ爲シタル場合ノ如キ所屬未定地ヲ市町村ノ區域ニ編入シタルカ如キ其ノ變更ノ地域内ニ住民ノ存在セサルトキハ配當標準ニ影響スル所ナキモノナレハ省令適用ノ問題ヲ生セス

戸數割ノ配當ヲ爲シタル後未タ納税義務者ニ賦課ヲ爲ササル前ニ於テ市町村ノ廢置分合境界變更アリタルトキハ配當更正ヲ爲スノ規定ヲ設ケサルヲ以テ第四條末項ヲ適用スルコトトナルヘキヲ以テ實際斯ル時期ニ際シテハ市町村ノ廢置分合若ハ境界變更ノ處分ハ之ヲ避クルコトヲ適當ナリトス

家屋税ノ配當ハ本條ノ關スル所ニアラサルモ府縣ニ於テ本條ノ例ニ倣ヒ配當スルノ方法ヲ設定スルヲ適當トス

第五款　課稅標準ノ種別ニ於ケル課稅ノ最高限度

第五條　前條ノ規定ニ依リ市町村ニ配當セラレタル戸數割ノ總額中住家坪數ニ依リ資力ヲ算定シテ課スヘキモノハ其ノ總額ノ十分ノ一ヲ、納稅義務者ノ資產ノ狀況ヲ斟酌シテ資力ヲ算定シ課スヘキモノハ其ノ總額ノ十分ノ二ヲ超ユルコトヲ得ス

本條ハ戸數割ノ課稅標準ノ種別ニ於ケル課稅ノ最高限度ヲ規定シタルモノナリ戸數割ハ納稅義務者ノ資力ニ對シ之ヲ賦課スルモノナルコトハ第二條ニ於テ說明シタルカ如シ而シテ資力算定ヲ爲ス標準ハ原則トシテ所得額及住家坪數ニ依リ例外ノ場合ニ限リ資產ノ狀況ヲ斟酌シ得ルコトハ第三條ニ於テ說明シタルカ如シ然ルニ其算定シタル資力ニ依リテ納稅義務者ノ賦課額ヲ定ムルニ付テ若所得額ニ依リ資力ヲ算定シタルモノニハ少額ヲ課シ住家坪數又ハ資產ノ狀況ヲ斟酌シテ資力ヲ算定シタルモノニ多額ノ賦課ヲ爲サムカ或ハ家屋稅ト等シク或ハ從來ノ見立割ヲ認ムルノ結果ヲ生スルノミナ

ラス課稅標準ニ所得額ヲ加ヘ各人ノ資力ニ適當セル賦課ヲ爲シ負擔ノ公正ヲ保持セムトスル本則ノ根本義ヲモ破壞スルニ至ルヘキヲ以テ住家坪數及資產ノ狀況ヲ斟酌シテ資力ヲ算定スルモノニ對スル課稅額ヲ所得額ニ依リ資力ヲ算定スルモノニ對スル課稅額ヨリモ低下セシメ以テ所得額ニ依リ資力ヲ算定スルモノカ戶數割ノ中樞タルノ實ヲ保留スル爲ニ本條ニ於テ住家坪數及資產ノ狀況ヲ斟酌シテ資力ヲ算定スルモノニ對スル課稅ノ最高限度ヲ定メタルナリ卽チ住家坪數ニ依リ資力ヲ算定シテ課スヘキモノハ第三條ノ規定ニ依リ市町村ニ配當セラレタル戶數割總額ノ十分ノ一ヲ最高限度ト爲シ納稅義務者ノ資產ノ狀況ヲ斟酌シテ資力ヲ算定シテ課スヘキモノハ市町村ニ配當セラレタル戶數割總額ノ十分ノ二ヲ以テ最高限度ト定メタリ共ノ結果所得額ニ依リ資力ヲ算定シテ課スヘキモノノ課稅最少限度ハ原則ノ標準ニ依ルトキハ市町村ニ配當セラレタル戶數割ノ十分ノ九ニシテ資產ノ狀況ヲ斟酌シテ資力ヲ算定スル場合ニハ市町村ニ配當セラレタル戶數割ノ十分ノ七トナルナリ

各標準ニ依リ算定シタル資力ニ對スル實際賦課ノ歩合ハ市町村會ヲシテ議決セシムルノ適當ナルコト前ニ一言セシ所ナリ然ルニ資産ノ狀況ヲ斟酌シテ資力ヲ算定スル場合ニ於ケル實際賦課ノ歩合ヲ定ムルニハ住家坪數ニ依リ算定スル資力ニ對シテハ一、資産ノ狀況ヲ斟酌シテ算定スル資力ニ對シテハ二、ノ比率ヲ保タシムルコトヲ要スルヤ否ヤ之ニ關シテハ別段規定スル所ナキヲ以テ本條ニ定ムル最高限度ヲ超越セサル限リ兩者ノ間必スシモ其ノ比率ヲ以テ賦課歩合ヲ定ムルノ要ナシト解シテ可ナリ

第六欵　納稅義務發生消滅ノ場合賦課方法

第十一條　戸數割ノ賦課期日後納稅義務ノ發生シタル者ニ對シテハ發生ノ翌月ヨリ月割ヲ以テ賦課ス但シ一ノ府縣ニ於テ納稅義務消滅シ他ノ府縣ニ於テ納稅義務發生シタル場合ニ於テハ納稅義務ノ發生シタル府縣ハ他ノ府縣ノ賦課セサル部分ニ付テノミ賦課ス

2　賦課期日後新ニ納稅義務ノ發生シタル者ニ對スル賦課額ハ第二條、第三條及第五條ノ規定ニ

依リ定リタル他ノ納稅者ノ賦課額ニ比準シテ之ヲ定ム

3 戸數割ノ賦課期日後納稅義務ノ消滅シタル者ニ對シテハ其ノ消滅シタル月迄月割ヲ以テ賦課ス但シ既ニ徵稅令書ヲ發シタル場合ニ於テハ其ノ賦課額ハ之ヲ變更セス

本條ハ戸數割納稅義務ノ發生若ハ消滅シタル場合ノ賦課方法ニ關シ規定シタルモノナリ戸數割ノ賦課期日ハ從來府縣ノ賦課規則ニ於テ之ヲ定ムルノ例ニシテ通常ノ賦課ハ一年度ヲ二期ニ分チ第一期若ハ上半期分ハ四月一日、第二期若ハ下半期分ハ十月一日ヲ以テ賦課期日ト爲スモノ多シ本則施行後ニ於テモ從前ノ如ク府縣ニ於テ適宜之ヲ定ムルコト可ナルモ四月一日ニハ資力算定ノ標準タル所得ノ調査行ハレ難キヲ以テ賦課額ノ議決ヲ爲ス時期ニ近接シタル日ヲ以テ賦課期日ト定ムルコト適當ナリトス賦課期日トハ徵稅傳令書ヲ發スル日ヲ指スモノニアラス賦課ハ特定ノ日ニ現在スル納稅義務者ニ對シテ之ヲ爲スモノニシテ其ノ特定ノ日ヲ賦課期日ト謂ヒ而シテ戸數割納稅義務ノ發生トハ左ノ場合ヲ謂フ

一　府縣內ニ住所ヲ移シタル者カ一戶ヲ構ヘ若ハ獨立ノ生計ヲ營ムニ至リタルトキ

二　府縣內ニ滯在スルコト三箇月以上ニ達シタル者一戶ヲ構ヘ若ハ獨立ノ生計ヲ營ムトキ

三　府縣內ニ住所ヲ有シ若ハ滯在三箇月以上ニ達シタル者ニシテ從來一戶ヲ構ヘス及ヒ獨立ノ生計ヲ營マサリシ者カ新ニ一戶ヲ構ヘ若ハ獨立ノ生計ヲ營ムニ至リタルトキ

四　府縣內家屋稅ヲ賦課スル地又ハ府縣費ノ分賦ヲ受クル市ニ居住セシ者カ戶數割ヲ賦課スル地ニ來住シ戶ヲ構ヘ若ハ獨立ノ生計ヲ營ムニ至リタルトキ

前記獨立ノ生計ヲ營ムニ至リタルトキ納稅義務ヲ生スルハ其ノ府縣ニ於テ一戶ヲ構ヘサルモ獨立ノ生計ヲ營ム者ニ戶數割ヲ賦課スト定メタル場合ニ限ルハ勿論ナリ

戶數割納稅義務ノ消滅トハ左ノ場合ヲ謂フ

一　納稅義務者カ府縣外ニ住所ヲ移シタルトキ
二　納稅義務者カ府縣內ノ滯在ヲ止メタルトキ
三　一戸ヲ構フル者カ戸ヲ構フルコトヲ止メタルトキ
四　獨立ノ生計ヲ營ミシ者カ之ヲ止メタルトキ
五　府縣內家屋稅賦課ノ地又ハ府縣費ヲ市ニ分賦スル市ニ居住ヲ轉シタルトキ
六　納稅義務者死亡シタルトキ

前記獨立ノ生計ヲ止メタルトキ納稅義務ノ消滅スルハ其ノ府縣ニ於テ一戸ヲ構ヘサルモ獨立ノ生計ヲ營ム者ニ戸數割ヲ賦課ストノ定メアル場合ニ限ルナリ

第一項　戸數割ノ賦課期日後新ニ戸數割ヲ納ムヘキ義務ノ發生シタル者ニ對シテハ納稅義務ノ發生シタル翌月ヨリ月割ヲ以テ賦課スルコトトス例セハ第一期ノ戸數割ハ四月一日ヲ賦課期日ト爲ス場合ニ於テ四月十日ニ新ニ戸數割ヲ納ムヘキ義務ヲ生シタルトキハ其ノ翌月卽チ五月ヨリ第一期ノ終リ九月迄五箇月分ヲ賦課スル趣旨ナリ但シ甲

ノ府縣ニ於テ戸數割ノ納稅義務消滅シタル者乙ノ府縣ニ於テ戸數割ノ納稅義務發生シタル場合ニハ新ニ納稅義務ノ發生シタル乙府縣ニ於テハ嘗テ納稅義務ヲ有セシ甲府縣カ賦課ヲ爲サヽリシ部分ニ付テノミ賦課スルコトトシ以テ負擔ノ重複ヲ避クルコトト爲セリ之ヲ例セハ甲府縣ニ於テ其ノ年度第一期（四月ヨリ九月迄）分ノ戸數割ノ賦課ヲ受ケタル者六月乙府縣ニ轉住シ乙府縣ニ於テ納稅義務ヲ生スルモ乙府縣ニ於テハ第一期ノ終リ迄ノ戸數割ヲ賦課スルコトヲ得サルナリ

甲縣ノ市ニ於テ家屋稅ヲ納メタル者乙縣ノ町ニ轉居シ戸數割ノ納稅義務ヲ生シタル場合ニ於テ其者カ甲縣ノ市ニ於テ納メタル家屋稅ハ戸數割ニ代ハルヘキモノナレハ本項但書ヲ適用シ乙縣ニ於ケル戸數割ハ甲縣ニ於ケル家屋稅ノ賦課ヲ受ケタル期ノ終リ迄賦課スヘカラスト云フモ家屋稅ハ戸數割ヲ賦課セサル地ニ限リテ之ヲ賦課スト雖戸數割トハ課稅ノ標準ヲ異ニシ法規ニ於テ之ヲ戸數割ト看做ストノ定メナキ以上ハ之ヲ戸數割ト看ルヲ得ス從テ甲縣ニ於テ家屋稅ヲ納メタルコトハ乙縣ニ於ケル戸數割ノ賦

課ニ何等關係ヲ及ホスモノニアラサレハ乙縣ニ於テハ戶數割ノ納稅義務ノ生シタル翌月ヨリ之ヲ課スヘキハ勿論ナリトス

本項但書ノ他ノ府縣ノ賦課セサル部分ハ如何ニ依リテ之ヲ認ムルカ斯ハ府縣ノ便宜トスル方法ニ依テ調査スヘク納稅義務者ヲシテ前住地府縣ニ於ケル戶數割ノ領收證ヲ提示セシムルコトトシ尙ホ判明セサル場合ニハ前住地市町村長ニ照會シテ調査スル等ノ手續ヲ盡スコト可ナルヘシ

第二項　賦課期日後新ニ納稅義務ノ發生シタル者ニ對スル戶數割ノ賦課額ニ付テハ第四條ノ市町村ニ配當セル戶數割ノ總額ト何等ノ交渉ナキモノナレハ各納稅義務者ニ對スル賦課額決定ノ方法ハ法規ヲ以テ之ヲ定ムルノ要アリ依テ本項ハ之ニ關シ規定ヲ設ク卽チ賦課期日後新ニ納稅義務ヲ生シタル者ノ賦課額ハ第二條（納稅義務者ノ資力ニ對シ戶數割ヲ賦課スルノ規定）第三條（資力算定方法）及第五條（資力算定標準ニ依ル課稅ノ最高限度ノ規定）ニ依リ定リタル他ノ納稅者ノ賦課額ニ比準シテ之ヲ定ムヘ

キモノト爲セリ蓋シ新ニ納稅義務ヲ生シタル者ノ資力ト同等ノ資力ヲ有スル他ノ納稅者ト同一ノ賦課ヲ爲スノ趣旨ニ出ツルモノナリ

本項ノ賦課額ハ如何ナル機關ニ依リテ之ヲ定メシムヘキカ本項ノ賦課額ヲ定ムルコトモ府縣制第百九條ニ所謂府縣稅賦課ノ細目ニ外ナラス從テ市町村會ニ付シテ議決セシムルコト適當ナリ

第三項　戶數割ノ納稅義務ヲ消滅シタル者ニ對シテハ其消滅シタル月迄月割ヲ以テ之ヲ賦課スルコトト爲シタリ然レトモ此主義ヲ一貫シ負擔ノ重複ヲ避クルニハ既ニ賦課ヲ爲シタル場合ニハ之カ更正ヲ爲シ其既ニ納入ヲ了シタル場合ニハ還付ヲ爲ササルヘカラサルモ斯ノ如キハ手數繁雜ニ涉リ而カモ納稅義務者ヲ利スルコト少ナシ依テ此等ノ不便ヲ避ケ取扱ヲ簡易ナラシムル爲本項但書ヲ設ケタルモノニシテ其ノ規定ニ依レハ既ニ徵稅令書ヲ發シタル場合ニ於テハ其ノ賦課額ハ之ヲ變更セストアルモ戶數割ノ賦課ヲ爲スニ通例府縣知事又ハ郡長ヨリ市町村ニ對シテ徵稅令書ヲ發シ之ニ依リテ市

町村長ハ各納稅人ニ對シ徵稅傳令書ヲ發スルモノニシテ各納稅人ノ賦課額ナルモノハ徵稅傳令書ノ交付ニ依リテ定マルヘク從テ徵稅令書ヲ發スルモ徵稅傳令書ノ交付前ニ在リテハ變更サルヘキ賦課額ナルモノ存在スヘカラサルモノト解スルコト純理ナレトモ此ノ規定ヲ設ケタル趣旨ヨリ見レハ苟モ徵稅令書ヲ發シタル以後ニ於テハ納稅人ノ賦課額ニ何等ノ變更ヲ加ヘサルコトヲ明カニシタルモノト解スルノ外ナシ

第七欵　戸數割ノ不課稅

第十二條　府縣ハ特別ノ事情アル者ニ對シ戸數割ヲ課セサルコトヲ得

本條ハ戸數割ヲ課セサル場合ニ關スル規定ナリ戸數割ノ納稅義務ヲ有スル者ニ對シ猥リニ課稅セサルコトヲ得シメムカ課稅ノ公正ヲ失シ妥當ナラスト雖特別ノ事情アル者即チ天災事變等ノ爲資力ヲ減耗シ給付能力ヲ缺キタル者ノ如キ或ハ疾病其他ノ事由ニ依リ收入ノ途ヲ失ヒ納稅ノ資力缺乏セル者ノ如キ或ハ軍人遺家族救護法ノ規定ニ依

リテ救護ヲ受クルニ至リタル者ノ如キ酌量スヘキ事情ノ存スルモノ又ハ貧困ノ事情ニ因リ課税ヲ負擔セシムルコトハ人類共存ノ主旨ニ反スルカ如キ事情ノ存スルモノヲシテ課税ノ負擔ニ任セシムルコトハ人類共存ノ途タラサルノミナラス負擔ノ公正ヲ保チ府縣ノ必要ナル收入ヲ確實ナラシムル所以ニアラス元來右ニ述フルカ如キ事情アル者ニ付テハ府縣制第百十三條ノ規定ニ依リ減税免税ノ處分ヲ爲シ得ヘシト雖モ現ニ特別ノ事情ノ存スル者ニ對シ賦課ヲ爲シ然ル後減免ノ處分ヲ爲スカ如キハ繁雜ナル手數ヲ要スルニ過キサルヲ以テ當初ヨリ全然賦課ヲ爲ササルニ如カス依テ本條ノ規定ヲ爲シタルモノニシテ本條ニ依リ課税セサルコトヲ定ムルハ府縣税ノ賦課ニ關スル事項ナレハ府縣制第四十一條第三號ノ規定アルヲ以テ府縣會ノ議決ヲ經ルコトヲ要ス又特別ノ事情アル者ト規定スルヲ以テ課税セサル事情カ納税義務者ニ存スルコトヲ要シ特定ノ地域内ノ居住者ヲ不課税ト定ムルカ如キハ失當ナリ而シテ課税セサル者ノ認定ヲ市町村會ノ議決ニ付スルハ本條規定ノ精神ニアラス

第八款　課稅ニ關シ通報事項

第十三條　市町村長ハ其ノ市町村住民ニ非サル者（法人ヲ除ク）ノ當該市町村内ニ於テ生スル其ノ年度分所得竝當該市町村ニ於テ賦課ヲ受ケタル前年度ノ直接國稅及直接府縣稅ノ稅額ヲ每年五月末日迄ニ其ノ住所地市町村長ニ通報スヘシ但シ所得ニ付テハ其ノ住所地市町村ニ於テ戸數割ノ賦課ナキトキハ此ノ限ニ在ラス

本條ハ戸數割ノ配當標準及資力算定ノ標準ノ資料トナルヘキ事項ノ通報ニ關シ規定シタルモノナリ市町村住民カ住所地市町村外ニ於テ賦課ヲ受ケタル直接國稅直接府縣稅ノ稅額ハ戸數割ノ市町村配當額算定ノ標準ト爲ルモノニシテ（第四條第一項）納稅義務者ノ住所地市町村外ニ於テ生スル所得ハ納稅義務者ノ資力算定上住所地ノ府縣若ハ市町村ノ所得ト看做シテ計算スル場合（第三條）アリ是等ノ調査ハ課稅上最モ重要ニシテ明確ヲ期スヘキモノナレハ關係市町村長ヲシテ之ヲ住所地市町村長ニ通報セシ

ムルノ要アリテ本條ノ規定ヲ設ケタルモノナリ卽チ所得ニ付テハ所得ノ生スル地、納税ニ付テハ納税地ノ市町村長ニ於テ左ノ事項ヲ毎年五月末日迄ニ遲滯ナク其ノ住所地市町村長ニ通報ヲ爲スヘキコトトセリ若シ期限後ニ至リ通報ヲ爲スカ如キコトアリ又ハ通報洩レトナルカ如キコトアラムカ住所地市町村ニ於テハ一旦賦課ヲ爲シタル賦課ノ更正ヲ要スルコトモ生スヘク或ハ賦課洩レトナルノ不都合ヲ見ルヘキニ付市町村長ハ之ノ點愼重ナル注意ヲ加ヘ通報ノ遲滯及通報洩レナキ様爲スコトヲ要ス

(一)市町村住民ニ非サル者(法人ヲ除ク)ノ當該市町村ニ於テ生スル其ノ年度分所得、此ノ所得ハ市町村長ノ調査ニ依ル見込額ノ意ニシテ本人ノ申出又ハ市町村會ノ議決ヲ要スルコトナシ然レトモ此ノ通報ハ住所地市町村ニ於ケル納税義務者ノ資力ノ算定ノ標準タル所得調査ノ資料ニ供スルニアレハ其ノ所得ノ計算ハ本規則施行細則第三條及第四條ノ規定ニ依ルヲ要ス從テ本條ニ「其ノ年度分」ト規定シアルハ省令第三條ノ規定ニ依リ收入豫算年額若ハ前年ノ實額ニ依ル所得額ノ計算

ヲ爲スヘキモノニ付テハ年額ヲ通報スル趣旨ナリト解スヘキモノニシテ通報ヲ爲ス年ノ收入豫算年額又ハ其ノ前年ノ實額ナリトス而シテ通報スヘキ所得トハ市町村住民ニアラサル者カ當該市町村ニ於テ土地家屋物件ヲ所有シ又ハ營業所ヲ定メテ營業ヲ爲シ依テ以テ生スル所得ノ意ナリ住所地ノ市町村ニ於テ戸數割ノ賦課無キ場合ニハ本事項ノ通報ヲ要セサルナリ

（二）市町村住民ニ非サル者（法人ヲ除ク）ノ當該市町村ニ於テ賦課ヲ受ケタル前年度ノ直接國稅及直接府縣稅ノ稅額、前年度ノ直接國稅直接府縣稅トハ通報ヲ爲ス年度ノ前年度四月ヨリ翌年三月迄ノ間ニ賦課シタル直接國稅直接府縣稅ノ意ナリ納稅者ノ住所地市町村カ其ノ府縣外ナル場合ニ於テモ直接府縣稅額ノ通報ヲ爲スコトヲ要スルモノナリ

本條ニ所謂市町村長ハ府縣ノ市町村長ヲ指スモノニシテ北海道ニ在リテハ區町村長戸長ニ適用スルモノナリ市町村住民ニ非サル者トハ所得アリタル年度又ハ直接國稅若

ハ直接府縣税ノ賦課ヲ受ケタル當時其ノ市町村住民ニ非サル者ノ謂ナリ

本條ニ所謂直接國税及直接府縣税ノ種類ハ第十六條ノ規定ニ基キ大正十一年内務省令第二號府縣税戸數割規則施行細則第一條ニ之ヲ定ム卽チ直接國税トハ地租、第三種ノ所得ニ係ル所得税、營業税、鑛業税、砂鑛區税及賣藥營業税ヲ謂ヒ直接府縣税トハ地租、第三種ノ所得ニ係ル所得税、營業税、鑛業税、砂鑛區税及賣藥營業税ノ附加税營業税及雜種税（遊興税及觀覽税ヲ除ク）ヲ謂フ

本條但書ニ於テ住所地市町村ニ於テ戸數割ノ賦課無キトキハ所得ノ通報ヲ要セスト爲シタルニモ拘ラス直接國税及直接府縣税ノ額ハ家屋税施行地ニモ通報ヲ要スルコトト爲セルハ家屋税ノ配當ニ付キテハ本則中ニ戸數割配當ノ如キ規定ヲ設ケサレトモ府縣ニ於テ戸數割配當ノ例ニ倣ヒ相當ノ定メヲ爲サシムルノ趣旨ヲ以テ本條ノ規定ニ依リ通報スル直接國税及直接府縣税額ハ家屋税ノ配當ニモ參酌セシメムカ爲ノ用意ニ出ツルモノナリ

第九欵　戸數割、家屋税及其ノ附加税ノ制限

第十四條　左ノ制限ヲ超エ戸數割又ハ戸數割附加税ヲ賦課セムトスルトキハ内務大臣及大藏大臣ノ許可ヲ受クヘシ

一　戸數割總額カ當該年度ニ於ケル府縣税豫算總額ノ百分ノ三十ヲ超ユルトキ

二　戸數割附加税總額カ市區ニ在リテハ當該年度ニ於ケル市區税豫算總額ノ百分ノ五十、町村ニ在リテハ當該年度ニ於ケル町村税豫算總額ノ百分ノ八十ヲ超ユルトキ

本條ハ戸數割及其附加税ノ制限ヲ定メタル規定ナリ地租營業税所得税ノ附加税ニハ法定制限アリテ容易ニ制限超過ノ課税ヲ爲スヲ得サルニ拘ラス戸數割及其ノ附加税ニハ何等ノ制限ヲ設ケサリシト戸數割ハ彈力性アリトノ點ヨリシテ近年急激ニ增加セル地方費ノ財源ハ其ノ多クヲ戸數割及其ノ附加税ニ求メタルノ狀況ナリシモ地方税ハ當該團體住民ノ擔税力ニ鑑ミ適當ノ範圍内ニ於テ税スルコトト爲スニアラサレハ民力ヲ

枯渇セシムルニ至ルノ虞アリ依テ戸數割及其ノ附加税ニ適當ナル制限ヲ設ケテ民力ノ涵養ヲ圖リ又一面放漫ナル歳出ノ增加ヲ抑制スルコト現時ノ地方財政整理上極メテ緊要ノコトナリトス故ニ本條ニ戸數割及其ノ附加税制限ニ關スル規定ヲ設ケタル所以ニシテ卽チ府縣ニ於テ當該年度ニ於ケル府縣税豫算總額ノ百分ノ三十ヲ超エタル戸數割總額ヲ課セムトスルトキハ内務大臣及大藏大臣ノ許可ヲ受クルコトヲ要スト爲シ市區町村ニ在リテハ左ノ制限ヲ超エ戸數割附加税ヲ賦課セムトスルトキハ内務大臣及大藏大臣ノ許可ヲ受クルコトヲ要スト爲セリ

一市區ニ在リテハ戸數割附加税總額カ當該年度ニ於ケル市區税豫算總額ノ百分ノ五十ヲ超ユルトキ

二町村ニ在リテハ戸數割附加税總額カ當該年度ニ於ケル町村税豫算總額ノ百分ノ八十ヲ超ユルトキ

市制第百二十二條及第百二十四條町村制第百二條及第百四條ノ規定ニ依リ數人又ハ

市町村ノ一部ニ賦課スルモノ及地方學事通則ノ規定ニ依リ設ケタル學區ニ於テ賦課スルモノモ市町村稅ニ外ナラサルカ故ニ本條ノ制限ノ計算ニ付テハ數人又ハ一部若ハ學區ノ戶數割附加稅總額ハ市區町村ノ戶數割附加稅ニ數人又ハ一部若ハ學區ノ當該年度ニ於ケル市區町村稅豫算總額ハ市區町村ノ市區町村稅總額ニ合算スヘキモノナルハ勿論其計算方法ニ付テハ別段ノ規定ナク又省議ノ決定無キ趣ナルモ明治四十三年訓第二九一號內藏兩大臣訓令制限外課稅特別稅新設變更等稟請ニ添付スヘキ歲入一覽表第二例ノ如ク負擔ノ區域ヲ異ニスル每ニ區別計算スルヲ以テ制限ヲ設ケタル趣旨ニ協フモノト信ス尙ホ其ノ計算例ヲ示セハ左ノ如シ而シテ本市町村ノ市町村稅ヲ區ノ區域ニ分別スルニハ其ノ區內ニ於ケル地租、所得稅、營業稅、鑛業稅、砂鑛區稅、賣藥營業稅、取引所稅、府縣稅營業稅、雜種稅（遊興稅觀覽稅ヲ除ク）等ノ各本稅額ニ市町村稅ノ各其稅率ヲ乘シタル額ヲ計上スキナリ

本條ノ制限外課稅ノ稟請ニ付テハ別ニ樣式ヲ示サレス市町村ノ場合ハ地租其他制限

外課税ニ關スル禀請ニ添付スヘキ書類（明治四十三年六月訓第二九一號内務大藏兩大臣訓令ノ式ニ依ル）ト同樣ノ書類卽チ戶數割附加稅制限超過ノ課稅ヲ爲ス議決書、其ノ理由書、戶數割附加稅制限超過額ノ計算書、歲入一覽表、歲出一覽表等ヲ調製添付スルヲ必要トスヘシ戶數割附加稅ノ制限超過ハ如何ナル場合ニ許可セラルヘキカハ事實問題ニシテ許可官廳ノ自由裁量タリ然レトモ當該市町村ノ歲出豫算中節約ヲ加フルノ餘地ナク之ニ對スル歲入豫算ノ見積ハ總テ適當ニシテ又課稅中法定ノ制限アルモノ卽チ地租營業稅、所得稅ノ如キハ何レモ其ノ制限マテ課稅ヲ爲スモ戶數割附加稅ヲ制限內ニ止ムルトキハ緊要ナル經費ヲ支辨スルコトヲ得サルノ事實ニシテ而カモ戶數割附加稅制限超過ノ程度カ重課ニアラサルコトヲ要スルハ本則ノ精神ナリト解セサルヘカラス

北海道ニ付テハ明治三十四年法律第三號北海道地方費法第六條ニ依リ北海道ニ移住セルモ主トシテ耕作又ハ牧畜ノ事業ニ引續キ從事シ移住シタル日ヨリ三年ヲ經過セサ

ル者ニハ戸數割ヲ賦課セサルヲ以テ町村ニ於テ是等ノ者ニ對シ特別税トシテ戸別割ヲ課セリ是等ハ戸數割附加税ト直接關係無キモノナレハ戸數割附加税ノ制限額ヲ計算スルニ付之ヲ戸數割附加税ト看做ササルハ勿論ニシテ又第十五條ニ家屋税附加税及市町村税家屋税ヲ戸數割附加税ト看做スコトヲ規定セルニモ拘ラス前記戸別割ニ付テハ之カ規定ヲ爲ササリシモノナリ

税目／區別	本市町村	何區	何學區	計
地租附加税	三、四五〇、〇〇円	八〇〇、〇〇	—	四、二五〇、〇〇
營業税附加税	五〇〇、〇〇円	三〇〇、〇〇	—	八〇〇、〇〇
所得税附加税	三五〇、〇〇円	一七五、〇〇	—	五二五、〇〇
鑛業税附加税	一〇、〇〇円	—	—	一〇、〇〇
砂鑛區税附加税	五、〇〇円	—	—	五、〇〇
賣藥營業税附加税	五、〇〇円	—	—	五、〇〇
取引所税附加税	—	—	—	—
營業税雜種税附加税	一二〇、〇〇円	—	—	一二〇、〇〇
戸數割附加税	一二、〇〇〇、〇〇円	三、五〇〇、〇〇	一四、〇五〇、〇〇	二九、五五〇、〇〇 制限 二八、二一二、〇〇 差引 一、三三八、〇〇 制限超過
計	一六、四四〇、〇〇円	四、七七五、〇〇	一四、〇五〇、〇〇	三五、二六五、〇〇 此十分ノ八 二八、二一二、〇〇

本税額	市町村課率	何區課率	學區課率	本市町村	何區	何學區	計	本税額	市町村課率	何區課率	學區課率
宅地…… 其他……	宅地…… 其他……	宅地…… 其他……	—	圓 四、五〇〇、〇〇	一、二〇〇、〇〇	—	五、七〇〇、〇〇	…… ……	…… ……	…… ……	—
……	……	……	—	圓 八五〇、〇〇	三五〇、〇〇	—	一、二〇〇、〇〇	……	……	……	—
……	……	……	—	圓 五八〇、〇〇	九〇、〇〇	—	六七〇、〇〇	……	……	……	—
……	……	—	—	圓 二〇、〇〇	—	—	二〇、〇〇	……	……	—	—
……	……	—	—	—	—	—	—	……	……	—	—
……	……	—	—	圓 一〇、〇〇	—	—	一〇、〇〇	……	……	—	—
—	—	—	—	—	—	—	—	—	—	—	—
……	……	—	—	圓 二五〇、〇〇	—	—	二五〇、〇〇	……	……	—	—
……	……	……	……	圓 一三、〇〇〇、〇〇	五二五、〇〇	九、八〇〇、〇〇	二三、三二五、〇〇 制限 二四、九四〇、〇〇 差引殘 一、六一五、〇〇	……	……	……	……
				圓 一九、二一〇、〇〇	二、一六五、〇〇	九、八〇〇、〇〇	三一、一七五、〇〇 此十分ノ八 二四、九四〇、〇〇				

第十五條　前條ノ規定ノ適用ニ付テハ府縣稅家屋稅又ハ家屋稅附加稅若ハ市町村稅家屋稅ハ之ヲ戸數割又ハ戸數割附加稅ト看做ス

本條ハ府縣稅家屋稅、市町村稅タル家屋稅附加稅及家屋稅ノ賦課ニ制限ヲ加ヘタルノ規定ナリ前條ニ於テ戸數割及其ノ附加稅ニ制限ヲ加ヘタルト同一ノ理由ニ依リ府縣ノ家屋稅及市町村ノ家屋稅附加稅並特別稅家屋稅ノ賦課ニ制限ヲ加フルコト必要ナルヲ以テ本條ノ規定ヲ設ケタルモノナリ本條ヲ本則中ニ規定シタル爲且本條ニ「前條ノ規定ノ適用ニ付テハ」ト規定セルニ依リ本條ノ適用ハ戸數割ト家屋稅ト課スル府縣及戸數割附加稅ト家屋稅トヲ併課スル市町村ニ限リ家屋稅附加稅又ハ特別稅家屋稅ノミ賦課スル市町村ノ家屋稅附加稅又ハ特別稅家屋稅ノ賦課ヲ制限シタルモノニ非スト謂フモノナシトセサルモ戸數割規則中ニ本條ヲ規定シタルハ單ニ規定上ノ便宜ニ外ナラサレハ之ヲ以テ家屋稅又ハ家屋稅附加稅ノミノ賦課ニハ適用ナシトノ理由トナラス而シテ本條ヲ制定セシ理由ニ鑑ミ且本條末句ニ「看做ス」ト規定シ「通算ス」トノ用語ヲ避ケタル所以ヲ索ムレハ本條ノ規定ハ家屋税又ハ家屋税附加税ノミノ賦課ニ付テモ亦適用スルノ法意ナルコト明ニシテ要スルニ本條ハ戸數割及其ノ附加税ニ於ケルト同一ノ制限ヲ家屋税及其ノ附加税ニ加フルコトヲ根本ト爲スモノニシテ家屋税又ハ家屋税附加税ヲ併課スル場合ハ本條ヲ適用スル一ノ場合タルニ過キサルナリ

本條ノ規定ニ依レハ府縣税家屋税又ハ家屋税附加税若ハ市町村税家屋税ハ之ヲ戸數割又ハ戸數割附加税ト看做シテ前條ノ規定ヲ適用スルモノナリ故ニ府縣ニ於テ其一部ニ賦課スル家屋税ハ之ヲ戸數割ニ通算シ其ノ額カ當該年度ノ府縣税豫算總額ノ百分ノ三十ヲ超ユルトキハ内務大臣及大藏大臣ノ許可ヲ受クルコトヲ要シ市區町村ニ於テハ家屋税附加税又ハ特別税家屋税ノミ賦課スルトキハ其額、戸數割附加税ト家屋税ト併課スルトキハ兩者ヲ通算シタル額カ市區ニ在リテハ當該年度ニ於ケル市區税豫算總額ノ百分ノ五十町村ニ在リテハ當該年度ニ於ケル町村税豫算總額ノ百分ノ八十ヲ超ユルトキハ内務大臣及大藏大臣ノ許可ヲ受クルコトヲ要スルモノナリ此ノ規則ノ施行前ニ許可ヲ受ケタル市區町村ノ特別税家屋税ニシテ其ノ總額カ當該年度ニ於ケル市區町村税豫算總額ノ市區ハ百分ノ五十、町村ハ百分ノ八十ヲ超ユルトキハ本條及前條ノ適用ニ依リ内務大臣及大藏大臣ノ許可ヲ受クルニアラサレハ制限ヲ超エテ課税ヲ爲スコトヲ得サルハ勿論ナリ

市制第六條ノ市ノ區又ハ其ノ學區ニ於テ賦課スル家屋税附加税ハ市税ニ外ナラサルヲ以テ市ニ於ケル家屋税附加税ニ通算シテ前條ヲ適用スヘキハ勿論其ノ計算ハ前條ニ於テ説明シタル如ク區又ハ學區ノ區域毎ニ制限超過トナルヤ否ヲ計算スルコトヲ要スヘキナリ

都市計畫法第八條ノ規定ニ依リ府縣市町村ニ於テ賦課徴收スル家屋税又ハ家屋税附加税モ府縣税若ハ市町村税ニシテ本條ノ適用上之ヲ除外スヘキ規定存セサルヲ以テ之ヲ通算スルコトヲ要スルハ勿論ナリ

本條ニハ「市町村税家屋税」ト規定スル故市町村ノ特別税タル戸別割、私法人建物税

ノ如キハ之ヲ通算スヘキニ非サルモ實質純然タル家屋税タルモノハ假令建物割等ノ名稱ヲ用ユルモ家屋税ニ之ヲ含ムノ趣旨ナリト解スヘキナリ

第十款　省令ニ委任ノ事項

第十六條　所得ニ依ル資力算定方法、直接税ノ種類其ノ他本令施行上必要ナル事項ハ内務大臣及大藏大臣之ヲ定ム

府縣税戸數割規則施行細則（大正十一年二月二十一日内務省令第二號）

第一條　府縣税戸數割規則ニ於テ直接國税ト稱スルハ地租、第三種ノ所得ニ係ル所得税、營業税、鑛業税、砂鑛區税及賣藥營業税ヲ謂ヒ直接府縣税ト稱スルハ本條ノ直接國税ニ對スル附加税、營業税及雜種税（遊興税及觀覽税ヲ除ク）ヲ謂フ

第二條　戸數割ヲ賦課スヘキ年度ノ前前年度ニ於テ市町村ノ廢置分合又ハ境界變更アリタルトキハ關係市町村ニ於ケル府縣税戸數割規則第四條ニ規定スル戸數割配當標準中直接國税及直

接府縣稅ノ稅額ハ府縣知事之ヲ定ム

2　戸數割ヲ賦課スヘキ年度ノ前年度ニ於テ市町村ノ廢置分合又ハ境界變更アリタルトキハ關係市町村ニ於ケル府縣稅戸數割規則第四條ニ規定スル戸數割配當標準ハ府縣知事之ヲ定ム戸數割ノ配當前市町村ノ廢置分合又ハ境界變更アリタルトキ亦同シ

第三條　戸數割納稅義務者ノ資力算定ノ標準タル所得額ハ左ノ各號ノ規定ニ依リ計算ス

一　田又ハ畑ノ所得ハ前三年間每年ノ總收入金額ヨリ必要ノ經費ヲ控除シタルモノノ平均ニ依リ算出シタル收入豫算年額但シ前三年以來引續キ自作セス、小作セス、又ハ小作ニ付セサル田又ハ畑ニ在リテハ近傍類地ノ所得ニ依リ算出シタル收入豫算年額

二　山林ノ所得ハ前年ノ總收入金額ヨリ必要ノ經費ヲ控除シタル金額

三　俸給給料歲費年金恩給退隱料及此等ノ性質ヲ有スル給與、營業ニ非サル貸金ノ利子竝公債社債預金及貯金ノ利子ハ其ノ收入豫算年額

四　賞與又ハ賞與ノ性質ヲ有スル給與ハ前年四月一日ヨリ其ノ年三月末日ニ至ル期間ノ收入金額

五　法人ヨリ受クル利益若ハ利息ノ配當又ハ剰餘金ノ分配ハ前年四月一日ヨリ其ノ年三月末日ニ至ル期間ノ收入金額但シ無記名式ノ株式ヲ有スル者ノ受クル配當ハ同期間内ニ於テ支拂ヲ受ケタル金額

法人ノ社員其ノ退社ニ因リ持分ノ拂戻トシテ受クル金額カ其ノ退社當時ニ於ケル出資金額ヲ超過スルトキハ其ノ超過金額ハ之ヲ其ノ法人ヨリ受クル利益ノ配當ト看做ス株式ノ消却ニ因リ支拂ヲ受クル金額カ其ノ株式ノ拂込濟金額ヲ超過スルトキハ其ノ超過金額亦同シ

六　前各號以外ノ所得ハ總收入金額ヨリ必要ノ經費ヲ控除シタル收入豫算年額

2　年度開始ノ日ノ屬スル年ノ翌年ニ戸數割ヲ賦課スル場合ニ於テハ最近ノ戸數割賦課ノ時ニ算定シタル所得額ヲ以テ其ノ資力算定ノ標準トス但シ未タ其ノ所得ノ算定ナカリシ者ニ關シテハ年度開始ノ日ノ屬スル年ヲ基準トシ前各號ノ規定ニ依リ之ヲ算定ス

第四條　前條ノ規定ニ依リ總收入金額ヨリ控除スヘキ經費ハ種苗蠶種肥料ノ購買費、家畜其ノ他ノモノノ飼養料、仕入品ノ原價、原料品ノ代價、場所物件ノ修繕料又ハ借入料、場所物件又ハ業務ニ係ル公課、雇人ノ給料其ノ他收入ヲ得ルニ必要ナルモノニ限ル但シ家事上ノ費用

及之ニ關聯スルモノハ之ヲ控除セス

第五條　第三條第一號又ハ第六號ノ規定ニ依ル所得計算ニ付損失アルトキハ同條第一號、第三號及第六號ノ規定ニ依ル所得ノ合算額ヨリ之ヲ差引計算ス

第六條　前三條ノ規定ニ依リ算出シタル金額一萬二千圓以下ナルトキハ其ノ所得中俸給給料歳費年金恩給退隱料賞與及此等ノ性質ヲ有スル給與ニ付テハ其ノ十分ノ一、六千圓以下ナルトキハ同十分ノ二、三千圓以下ナルトキハ同十分ノ三、千圓以下ナルトキハ同十分ノ四ニ相當スル金額ヲ控除ス

第七條　前四條ノ規定ニ依リ算出シタル金額三千圓以下ナル場合ニ於テ納稅義務者及之ト生計ヲ共ニスル同居者中年度開始ノ日ニ於テ年齡十四歲未滿若ハ六十歲以上ノ者又ハ不具癈疾者アルトキハ納稅義務者ノ申請ニ依リ其ノ所得ヨリ左ノ各號ノ規定ニ依ル金額ヲ控除ス

一　所得千圓以下ナルトキ

年齡十四歲未滿若ハ六十歲以上ノ者又ハ不具癈疾者　一人ニ付　百　圓

二　所得二千圓以下ナルトキ

同　　　　　　　　　　　　　　　　一人ニ付七十圓

三　所得三千圓以下ナルトキ

同　　　　　　　　　　　　　　　　一人ニ付五十圓

2前項ノ不具癈疾トハ心神喪失ノ常況ニ在ル者、聾者、啞者、盲者其ノ他重大ナル傷痍ヲ受ケ又ハ不治ノ疾患ニ罹リ常ニ介護ヲ要スルモノヲ謂フ

第八條　左ノ各號ノ一ニ該當スルモノハ戸數割納税義務者ノ資力算定ノ標準タル所得額ニ算入セス

一　軍人從軍中ノ俸給及手當

二　扶助料及傷痍疾病者ノ恩給又ハ退隱料

三　旅費、學資金、法定扶養料及救助金

四　營利ノ事業ニ屬セサル一時ノ所得

五　日本ノ國籍ヲ有セサル者ノ外國ニ於ケル資産、營業又ハ職業ヨリ生スル所得

六　乘馬ヲ有スル義務アル軍人カ政府ヨリ受クル馬糧、蹄鐵料及馬匹保續料

七　國債ノ利子

附　則

本令ハ府縣稅戸數割規則施行ノ日ヨリ之ヲ施行ス

2府縣稅戸數割規則第四條ノ標準中戸數割納稅義務者ノ數ハ大正十一年度ニ限リ戸數ヲ以テ之ニ代フ

本條ハ本則ノ施行上遺漏ナカラシムル爲第三條ニ規定スル所得ニ依ル資力算定ノ方法第四條第一項及第十三條ニ規定スル直接國稅及直接府縣稅ノ種類、其他本令施行上必要ナル事項ハ內務大臣及大藏大臣之ヲ定ムルコトト爲セリ此ノ規定ニ基キ內務大臣及大藏大臣ハ大正十一年內務省令第二號ヲ以テ府縣稅戸數割規則施行細則ヲ公布シ府縣稅戸數割規則施行ノ日ヨリ之ヲ施行スルコトト爲セリ而シテ各條ノ說明ハ參照ニ便宜ノ爲關係條項ノ下ニ於テ之ヲ爲スコトトセリ

第十一款　勅令施行ノ時期

附　則

本令ハ大正十一年度分ヨリ之ヲ施行ス

勅令施行ノ時期ハ公式令第十一條ニ皇室令、勅令、閣令及省令ハ別段ノ施行時期アル場合ノ外公布ノ日ヨリ起算シ滿二十日ヲ經テ之ヲ施行スト定メアリ本令ハ此ノ原則ニ依リ難キヲ以テ附則ニ別段ノ施行時期ヲ定メタルモノニシテ大正十一年度分ヨリ之ヲ施行スルモノナリ大正十一年度分ヨリトアルヲ以テ大正十一年四月一日前ニ於テ議決スル大正十一年度ノ戸數割賦課規則ハ勿論市町村ニ於ケル大正十一年度戸數割附加稅ノ賦課ニ關シテ本令ノ適用アルハ勿論ナリ

第十二款　戸數割賦課細目ノ議決權委任

（關係法令）

府縣制第百九條　府縣税賦課ノ細目ニ係ル事項ハ府縣會ノ議決ニ依リ關係市町村會ノ議決ニ付スルコトヲ得

2　市町村會ニ於テ府縣會ノ議決ニ依リ定マリタル期限內ニ其ノ議決ヲ爲ササルトキ若ハ不適當ノ議決ヲ爲シタルトキハ府縣參事會之ヲ議決スヘシ

市制第九十一條　市會成立セサルトキ、第五十二條但書ノ場合ニ於テ仍會議ヲ開クコト能ハサルトキ又ハ市長ニ於テ市會ヲ招集スルノ暇ナシト認ムルトキハ市長ハ市會ノ權限ニ屬スル事件ヲ市參事會ノ議決ニ付スルコトヲ得

2　前項ノ規定ニ依リ市參事會ニ於テ議決ヲ爲ストキハ市長市參與及助役ハ其ノ議決ニ加ハルコトヲ得ス

3　市參事會成立セサルトキ又ハ第七十條第一項但書ノ場合ニ於テ仍會議ヲ開クコト能ハサルトキハ市長ハ其ノ議決スヘキ事件ニ付府縣參事會ノ議決ヲ請フコトヲ得

4　市會又ハ市參事會ニ於テ其ノ議決スヘキ事件ヲ議決セサルトキハ前項ノ例ニ依ル

5市會又ハ市參事會ノ決定スヘキ事件ニ關シテハ前四項ノ例ニ依ル此ノ場合ニ於ケル市參事會又ハ府縣參事會ノ決定ニ關シテハ各本條ノ規定ニ準シ訴願又ハ訴訟ヲ提起スルコトヲ得
6第一項及前三項ノ規定ニ依ル處置ニ付テハ次回ノ會議ニ於テ之ヲ市會又ハ市參事會ニ報告スヘシ

町村制第七十五條 町村會成立セサルトキ又ハ第四十八條但書ノ場合ニ於テ仍會議ヲ開クコト能ハサルトキハ町村長ハ郡長ニ具狀シテ指揮ヲ請ヒ町村會ノ議決スヘキ事件ヲ處置スルコトヲ得
2町村會ニ於テ其ノ議決スヘキ事件ヲ議決セサルトキハ前項ノ例ニ依ル
3町村會ノ決定スヘキ事件ニ關シテハ前二項ノ例ニ依ル此場合ニ於ケル町村長ノ處置ニ關シテハ各本條ノ規定ニ準シ訴願又ハ訴訟ヲ提起スルコトヲ得
4前三項ノ規定ニ依ル處置ニ付テハ次回ノ會議ニ於テ之ヲ町村會ニ報告スヘシ

法律命令ニ定ムルモノヲ除ク外府縣税ノ賦課ニ關シテハ府縣會ノ議決ニ依ルヘキコトハ府縣制第四十一條第三號ノ規定ニ徵シテ明ナリト雖府縣知事ノ執行權トノ限界ハ何ニ依テ定マレルカ換言スレハ戶數割ノ賦課ヲ爲スニハ府縣知事カ自由裁量ノ範圍ヲ

有セサルカ即チ賦課處分ヲ爲スニハ單ニ稅則ノ定ムル所ヲ執行スルニ止マルヤ否ヤ今國稅ニ付テ之ヲ例示スレハ地租ノ賦課ノ如ク全ク自由裁量ノ餘地ナキカ或ハ所得稅營業稅ノ如ク課稅ノ基本タル標準額ノ決定ハ府縣知事ノ自由裁量ニ依ルヘキカ假令前者ナリトスルモ賦課ノ處分ハ府縣知事カ執行權ニ依リテ納稅義務者ニ對シ戸數割ノ納付ヲ命スル意思ヲ表示シ其ノ效果ハ此ノ意思表示ニ基キテ發生スルモノナルコト疑ナシ而シテ府縣制其ノ他戸數割ニ關スル法令中別段ニ規定スル所ナキヲ以テ二者何レノ主義ヲ採用スルカ之ヲ定ムルハ府縣制第四十一條第三號ノ規定ニ依リ府縣會ノ議決ヲ經テ定ムル賦課方法ノ領域ナリト解スヘキナリ此ノ點ハ戸數割ノ賦課方法ヲ定ムルニ付テ注意ヲ要スル重要ノ點ナリトス

前叙ノ如クナルモ戸數割ノ賦課方法ヲ定ムルハ府縣知事ニ自由裁量ノ餘地ヲ有セシメサルコト適當ナリト思考ス何トナレハ戸數割ノ賦課ヲシテ地方ノ實際ニ適合セシメ遺漏ナキヲ期セシムル爲メ賦課ノ細目ハ府縣制第百九條第一項ノ規定ニ依リ關係市町

村會ノ議決ニ付スルコトヲ適當ナリトスルニ由ル而シテ關係市町村會ノ議決ニ付スルコトヲ可ナリトスル主要ナル事項ヲ擧クレハ左ノ如シ

一 納税義務者ノ資力ヲ算定スルハ所得額及住家ノ坪數ノミニ依ルコトヲ適當ナラスト認メ納税義務者ノ資産ノ狀況ヲ斟酌シテ資力ヲ算定スルコトニ定ムルコト

二 納税義務者ノ資力算定ノ標準タル所得、住家坪數及資産ノ狀況ヲ斟酌スル各資力ノ算定

三 戸數割配當額ヲ資力算定ノ各標準ニ分配スル步合率ヲ定ムルコト

四 住家坪數ニ依ル資力算定ニ付建物ノ構造、用途、及敷地ノ地位ニ依リ等差ヲ設クルコトヲ定ムルコト

五 住家坪數ニ依ル資力算定ニ付建物ノ構造、用途及敷地ノ地位ニ依リ設クル等差ヲ定ムルコト

右四及五ニ付テハ府縣ニ於テ原則的規定ヲ設ケ其ノ細目ニ付キテハ市町村會ノ議決

ニ依ラシムルコト適當ナルヘシ

六　戸數割規則第十一條第二項ニ該當スル者ノ賦課額ヲ定ムルコト

府縣制第百九條第一項ノ規定ニ依リ府縣會ノ議決ニ依リ賦課ノ細目ヲ市町村會ノ議決ニ付スルハ府縣制ノ規定ニ基キ府縣會ノ權限ノ一部ヲ市町村會ニ委任スルモノニシテ府縣ノ事務ヲ市町村ナル自治團體ニ委任スルモノニハ非ス從テ市町村會カ議決ヲ爲スモ其ノ事務ハ市町村ノ事務ト爲ルモノニアラス故ニ其ノ事件ノ發案權ハ當然市町村長ニ屬スルヤ否ヤ疑ナキニアラサルモ從來ノ取扱例ハ市町村長ニ於テ發案スヘキモノト爲セリ此ノ委任事件ハ市町村會成立セサル場合ニハ如何ニ處置スヘキカ之ノ場合ニハ府縣會ノ議決ニ依リ定マリタル期限内ナルトキハ市制町村制ノ規定ヲ適用スヘキモノニシテ市會ニ在リテハ市制第九十一條ノ規定ニ依リ市長ハ市參事會ノ議決ニ付スヘク市參事會モ亦成立セサル場合ニハ市長ハ府縣參事會ノ代議決ヲ請フヘキナリ町村會ニ在リテハ町村長ハ郡長ニ具狀シテ指揮ヲ請ヒ之ヲ處置スヘキナリ

府縣會カ市町村會ノ議決ニ付スル場合ニハ府縣制第百九條第二項規定ノ趣旨ニ依レハ府縣會ハ市町村會ノ議決スヘキ期限ヲ定ムルコトヲ得ヘキヲ以テ之ヲ定メ置クコトヲ適當ナリトス市町村會カ其ノ期限內ニ議決ヲ爲ササルトキ又ハ議決ヲ爲スモ其ノ議決不適當ナルトキ例セハ政爭ノ具ニ供シ公正ノ議決ヲ爲ササルカ如キ場合ニハ府縣參事會ノ議決ニ付スヘキモノナルコトハ府縣制第百九條第二項ニ別段ノ規定ヲ設クルヲ以テ此ノ場合ニハ市制町村制ノ規定スル矯正方法ヲ適用スヘカラサルモノナルコト言ヲ俟タス

〔行政判例〕

○縣令規定ノ議決期限後ニ爲シタル戸數割每等賦課額ノ議決ハ徵稅傳令書發付前ニ爲シタルモノト雖モ違法ナリトス（元年二一二號元年十二月二十五日宣告）

○縣令ニ規定シタル期日ヲ經過シタル後町會ニ於テ爲シタル縣稅戸數割賦課方法ノ議決ハ違法ニシテ其效力ヲ有スヘキモノニアラス之ニ基キテ爲シタル賦課處分ハ取消スヘキモノトス（二

年一四九號三年三月三十日宣告）

〔行政實例〕

◎新ニ町村ヲ置キタル場合町村會ノ成立スルマテノ間ニ於テ府縣制第百九條ニ依リ町村會ノ議決スヘキ事件アルトキハ府縣會ノ議決ニ依リ定マリタル期限內ニ限リ町村制第七十五條第一項ノ規定ニ依リ處置スヘキモノトス（明治四十四年十月十三日）

◎府縣制第百九條第一項ニ依リ市會ニ委任シタル縣稅戸數割等級及賦課額ノ議決ハ市參事會ニ之ヲ委任スルコトヲ得ス（大正七年八月三日）

第十三款　賦課額ノ算出例

戸數割ノ課稅標準タル資力ノ算定ヲ了リタルトキハ之ニ依リ納稅義務者ノ賦課額ヲ算定スルコトハ府縣稅賦課ノ細目トシテ關係市町村會ノ議決ニ付スルコトト爲シ又ハ標準額ニ各標準毎ノ乘率ヲ乘シテ賦課額ヲ算定スルコトニ府縣知事ノ委任ニ依リ市町

村長ヲシテ執行セシムルモ妨ケナキ所ナリトス而シテ其ノ何レニ依ルモ賦課額ノ算定ハ標準額ニ對スル比例率ニ依ルコトヲ適當ナリトス其ノ例ヲ示セハ左ノ如シ

某町村ノ受ケタル配當額年額二千圓ニシテ賦課期日ハ一年度ヲ二期ニ分チ四月一日十月一日ノ現在ニ賦課スルモノト定メタリトスレハ各賦課期日ニ於ケル配當額ハ千圓ナリ其町村會ニ於テハ所得ニ依リ資力ヲ算定シテ課スヘキモノハ戸數割總額ノ十分ノ九ト定メ住家ノ坪數ニ依リ資力ヲ算定シテ課スヘキモノハ戸數割總額ノ十分ノ一ト定メタリ而シテ此町村ノ納税義務者ノ總所得額ハ三萬圓ニシテ住家坪數ハ合計二千坪ナリ故ニ所得ニ依リテ資力ヲ算定シテ課スヘキモノニ對スル戸數割額ハ一期分九百圓ナレハ所得額一圓ニ付三錢ニ當リ住家坪數ニ依リ資力ヲ算定シテ課スヘキモノニ對スル戸數割額ハ一期分百圓ナレハ住家坪數一坪ニ付五錢ニ當レリ

納税義務者甲ノ所得額二百二十圓五十錢、住家坪數二十坪ナリ依テ所得額二百二十圓五十錢之ニ三錢ヲ乘スレハ六圓六十一錢五厘トナル又住家ノ坪數二十坪ニ五錢ヲ乘スレハ一圓トナル所得ニ依ル資力ニ對スル稅額ト住家坪數ニ對スル稅額トヲ合計スレハ七圓六十一錢五厘トナル而シテ市町村會ヲシテ賦課額ヲ議定セシムル場合ニハ賦課額ヲ議決スルニ付テ大正五年法律第二號國庫出納金端數計算法第六條ノ適用ナキヲ以ヲ且賦課額總計ヲ府縣ノ配當額ニ達セシムル爲ニ厘位ハ便宜四捨五入ノ方法ニ依ルコトトシ甲ノ第一期分賦課額ヲ七圓六十二錢ト定ムルヲ相當ナリトス

納稅義務者ノ賦課額ヲ決定スルノ時期ハ資力算定ノ標準タル所得ノ調査ニ日子ヲ要シ且第十三條通報ノ關係上五月末日以後ニ涉ルヘキヲ以テ府縣市町村ニ於テハ之カ爲歲出上ニ不便ヲ來サヽル樣他ノ課稅ヲ戶數割又ハ其附加稅ニ先ンシテ賦課徵收スル等其ノ調節宜シキヲ制シ戶數割又ハ其附加稅ノ賦課後ルル爲メ多クノ一時借入金ヲ爲シ又ハ支拂ヲ遲延スル等ノコトナキ樣豫メ注意スルヲ必要トス

第十四欵　戶數割違法錯誤ノ賦課ノ救濟

（關係法令）

府縣制第百十五條 府縣稅ノ賦課ヲ受ケタル者其ノ賦課ニ付違法若ハ錯誤アリト認ムルトキハ徵稅令書又ハ徵稅傳令書ノ交付後三箇月以內ニ府縣知事ニ異議ノ申立ヲ爲スコトヲ得

2 第百三條第二項ノ場合ニ於テ市町村ハ府縣費ノ分賦ニ關シ違法若ハ錯誤アリト認ムルトキハ其ノ告知ヲ受ケタル時ヨリ三箇月以內ニ府縣知事ニ異議ノ申立ヲ爲スコトヲ得

3 前二項ノ異議ハ之ヲ府縣參事會ノ決定ニ付スヘシ其ノ決定ニ不服アル者ハ行政裁判所ニ出訴スルコトヲ得

4 使用料手數料ノ徵收竝夫役及現品ノ賦課ニ關シテモ亦第一項及第三項ノ例ニ依ル（大正十一年法律第五十五號改正）

5 本條ノ決定ニ關シテハ府縣知事郡島ノ官吏吏員市町村吏員ヨリモ亦訴訟ヲ提起スルコトヲ得

府縣制第百二十八條 異議ノ申立又ハ訴願ノ提起ハ處分ヲ受ケ又ハ決定書若ハ裁決書ノ交付ヲ受ケタル日ヨリ二十一日以內ニ之ヲ爲スヘシ但シ本法中別ニ期間ヲ定メタルモノハ此ノ限ニ在ラス

2行政訴訟ノ提起ハ處分ヲ受ケ又ハ決定書若ハ裁決書ノ交付ヲ受ケタル日ヨリ三十日以内ニ之ヲ爲スヘシ但シ第八十二條第二項ノ規定ニ依リ告知ヲ爲シタル場合ニ於テハ告示ノ日ヲ以テ處分ヲ受ケタル日ト看做ス（大正十一年法律第五十五號改正）

3決定書又ハ裁決書ノ交付ヲ受ケサル者ニ關シテハ前二項ノ期間ハ告示ノ日ヨリ起算ス

4異議ノ申立ニ關スル期間ノ計算ニ付テハ訴願法ノ規定ニ依ル

5異議ノ申立ハ期限經過後ニ於テモ宥恕スヘキ事由アリト認ムルトキハ仍之ヲ受理スルコトヲ得

6異議ノ決定ハ文書ヲ以テ之ヲ爲シ其ノ理由ヲ附シ之ヲ申立人ニ交付スヘシ

7異議ノ申立アルモ處分ノ執行ハ之ヲ停止セス但シ行政廳ハ其ノ職權ニ依リ又ハ關係者ノ請求ニ依リ必要ト認ムルトキハ之ヲ停止スルコトヲ得（大正三年法律三五號ヲ以テ本條改正）

戸數割ノ賦課ニ付テハ府縣制第百十五條ノ適用アルヲ以テ其ノ賦課ヲ受ケタル者其ノ賦課カ違法又ハ錯誤アリト認メタル場合ニハ其ノ處分ノ救濟ヲ求ムルコトヲ得ヘシ即チ徵稅令書又ハ徵稅傳令書交付後三箇月以内ニ府縣知事ニ異議ノ申立ヲ爲スコトヲ

得ヘシ此ノ期限ハ令書ノ交付ヲ受ケタル日ノ翌日ヨリ起算シ暦ニ從テ三月以內ナルコトヲ要ス其異議ハ府縣知事ニ於テ府縣參事會ノ決定ニ付スヘキモノニシテ府縣參事會ノ爲シタル決定ニ不服アル者ハ府縣制第百二十八條第二項ノ期限內ニ行政訴訟ヲ提起スルコトヲ得ルナリ府縣參事會ノ決定ニ對シテハ府縣知事郡島ノ官吏吏員市町村吏員ニモ訴訟ノ提起ヲ許セリ上記ノ如ク異議ノ申立訴訟ノ提起ハ賦課カ違法又ハ錯誤ニ出テタリト認ムル場合ニ限ルヲ以テ賦課額ヲ不相當ナリト爲スカ如キハ異議ノ申立及訴訟ノ提起ヲ爲スヲ得ス而シテ違法ノ賦課トハ(一)構戶ノ事實ナク又ハ獨立ノ生計ヲ營ムノ事實ナキニ戶數割ヲ賦課シタルカ如キ(二)賦課ノ細目ヲ市町村會ノ議決ニ付シタル場合ニ於テ(イ)市町村會カ議決ヲ爲ササルニ賦課ヲ爲シ(ロ)府縣會ノ定メタル期限後ニ議決ヲ爲シタルモノニ依リテ賦課ヲ爲シ(ハ)市町村會ノ議決カ違法ナリシニ其ノ違法議決ニ依リテ賦課ヲ爲シタルカ如キ(三)市町村會ノ議決及府縣ノ賦課規則ニ違ツテ賦課ヲ爲シタルカ如キ(四)納稅義務者ノ資力ヲ標準ト爲サスシテ賦課ヲ爲シタルカ

如キ(五)納税義務者ノ資力ヲ算定シテ賦課スルニ付資産ノ狀況ヲ斟酌シテ資力ヲ算定シテ課スヘキ額カ戸數割規則第五條ノ制限ヲ超エテ賦課シタルカ如キ(六)資力ヲ算定スル所得ノ計算カ戸數割規則第六條、第七條又ハ第十六條ニ依リ定メタル算定方法ニ違ヒ又ハ住家坪數ノ計算カ戸數割規則第八條、第九條又ハ府縣ノ賦課規則ノ規定ニ違ヒタル標準ニ依リテ賦課ヲ爲シタルトキ(七)戸數割規則第十四條ノ許可ヲ得スシテ制限超過ノ賦課ヲ爲シタルカ如キヲ謂ヒ錯誤ノ賦課トハ課税標準タル資力ノ計算ヲ誤リ課率税額ヲ誤リ賦課シタルカ如キヲ謂フ課税標準中資産ノ狀況ヲ斟酌シテ資力ヲ算定スルハ自由裁量ニ依ルコトヲ得セシムルモノナレハ其算定ニ付違法又ハ錯誤ノ問題ヲ生スルコトナク卽チ異議申立又ハ訴訟ノ原因ト爲ルコト無シ又戸數割ヲ各市町村ニ配當スルニ付キ配當標準ニ錯誤アリシトスルモ戸數割ハ戸數割規則第四條ニ依リ市町村ニ配當セラレタル戸數割總額ヲ基本トシテ納税義務者ニ賦課スヘキモノナレハ之ヲ以テ賦課ニ違法又ハ錯誤アリト謂フヲ得サルナリ

〔行政判例〕

○課税標準ノ決定ハ明治二十三年法律第百六號及訴願法第一條ニ所謂租税ノ賦課ニアラス

（四十四年一〇〇號四十四年十月四日宣告）

○原告ハ訴外堀内祐春堀内清光堀内長治郎及堀内常安ハ獨立ノ生計ヲ營ム者ナルニ拘ハラス戶數割負擔者中ヨリ之ヲ除キ又訴外堀內理助ハ一家ノ生計ヲ營ミ居ラサル者ナルニ拘ラス之ヲ構戶者ト認メ各戶ノ戶數割賦課額ヲ決定シタルハ違法ナリト主張スト雖右原告ノ主張ヲ認ムルニ足ルヘキ證憑ナキノミナラス仮ニ原告主張ノ如キ事實アリシトスルモ之カ爲ニ原告等ノ戶數割負擔額ニ增加ヲ來シタルコトナキハ原告ノ自認スル所ナリ然レハ原告等ニ對スル賦課ニ違法又ハ錯誤アリト云フコトヲ得ス且山梨縣縣稅賦課規則第十三條ニハ市町村會ニ於テ前條賦課總額ノ基ク戶數ヲ脫落シタルトキハ其ノ脫落シタル戶數ニ對シ其ノ市町村ニ於ケル平均課率ヲ乘シタル額ヲ追徵ストアリテ前示賦課規則ノ法意ハ戶數割負擔戶數ニ錯誤アルモ之カ爲ニ直ニ村會ノ決議全部ヲ違法ト爲スモノニ非スト解スルヲ相當トス（七年二一二號八年十二月十七日宣告）

○縣稅戶數割ノ賦課ニ付キ納稅者ノ爲シタル異議申立ニ對スル縣參事會ノ決定ニ對シ行政訴訟

提起ノ期間ヲ經過シタルトキハ其ノ決定ハ確定シタルモノトス（八年四五二號八年十一月二十五日宣告）

○原告ニ對シテ爲シタル縣稅戸數割賦課ノ處分ハ被告町長ノ發シタル徵稅傳令書ヲ原告ニ交付セルニ外ナラサルヲ以テ假令該處分カ明治三十三年勅令第八十一號第四條ニ依リ縣知事ノ徵稅令書ニ基キタルモ該處分ヲ爲シタル者ハ町長ナルカ故ニ其ノ取消ヲ求ムル訴ニ於テ町長ヲ被告トセルハ適法ナリ（三年二〇號、四六號三年五月十三日宣告）

○縣稅賦課ニ對スル訴ニ於テ賦課處分ヲ爲シタル市町村長若ハ決定ヲ爲シタル府縣參事會ノ中何レヲ被告ト爲スモ不法ニアラス（五年一七三號五年十月二十五日宣告）

○府縣稅ノ賦課ニ關スル行政訴訟ハ異議ノ申立ニ付府縣參事會ノ決定アリタル場合ニアラサレハ提起スルコトヲ得サルモノナリ（八年一二〇號八年六月九日宣告）（十年八〇號十年五月二十一日宣告）

○府縣稅ノ賦課ニ關スル行政訴訟ハ決定書ノ交付ヲ受ケタル日ヨリ三十日以內ニ提起スヘキモノナルニ決定書ノ交付ヲ受ケタル日ノ翌日ヨリ起算シ前示期間ニ原告住居地ヨリ裁判所所在地ニ至ル距離ニ對スル民事訴訟法第百六十七條ノ伸長日數ヲ加フルトキハ其期間ハ大正八年八月

十四日ニテ滿了スルニ九月二日ニ提起シタルハ法定ノ出訴期間ヲ經過シ不適法ナリ(八年二一九號八年九月二十二日宣告)

○縣稅戶數割賦課ニ對スル異議申立ニシテ其ノ期限ヲ經過シタルモノハ之ヲ却下スヘキモノトス(九年八四號九年六月三十日宣告)

○府縣稅ノ賦課ニ關シ府縣參事會ノ爲シタル決定ニ對スル行政訴訟ハ決定書ノ交付ヲ受ケタル日ノ翌日ヨリ起算シテ三十日以內ニ提起スルコトヲ要ス(十年一六四號十年十月十九日宣告)

○縣稅戶數割ノ賦課ニ付自己ニ對スル賦課ヲ減少ナラシメタルハ違法ナリトスル事件ニ付テハ府縣制其ノ他法律勅令中行政訴訟ノ提起ヲ認メタル規定ナシ(十年二一七號十年十二月十五日裁決)

第三章　餘論

戸數割附加稅ノ賦課

府縣稅戸數割規則施行後ハ戸數割附加稅ノ賦課ニ影響ヲ及ホスハ勿論ナリ從來住所滯在時ヲ異ニスル場合例セハ甲縣ニ住所ヲ有シテ戸ヲ構フル者カ乙縣ニ住所ヲ移シテ戸ヲ構フル場合ノ如キ斯ル場合ニ於ケル市町村稅賦課ノ方法ヲ規定スルモノ無キ爲メ甲乙兩縣ニ於テ附加稅ノ賦課ヲ受ケ重複ノ負擔ヲ爲スノ結果ヲ生シタルモ戸數割規則施行後ニ於テハ其ノ弊ヲ大體除去スルヲ得ヘシ元來附加稅ハ本稅額ヲ標準トシテ賦課スルコト其ノ特質ニシテ本稅ニ於テ重複課稅ヲ避クルコトト爲シタル以上ハ特殊ノ場合ノ外ハ附加稅ノ重複課稅ハ生シ得ヘカラサルモノナリ

府縣稅戸數割規則施行後ニ於テハ同一人ニ對シ一市町村ニ於テ戸數割ヲ賦課スル場

合ハ其ノ市町村ニ於テ其ノ附加税ヲ賦課スヘキモノナレハ何等ノ問題ヲ生セス同一人ニ對シ數府縣若ハ府縣内數市町村ニ於テ戸數割ヲ賦課スル場合ニハ各關係市町村ニ於テ其ノ市町村ニ於ケル戸數割ノ額ヲ標準トシテ附加税ヲ課スヘキモノナレハ此場合ニモ別段問題ヲ生スルコトナシ戸數割納税義務者カ轉居等ヲ爲シ一ノ府縣ニ於テ納税義務消滅シ他ノ府縣ニ於テ納税義務發生シタル場合ニ於テハ第十一條第一項但書ノ規定アリテ兩府縣ニ於ケル戸數割ノ賦課額ハ定マルヘク其ノ定リタル本税額ヲ標準トシテ關係市町村ハ附加税ヲ課スルニ於テハ從來ノ如キ重複課税ノ事實ハ生セサルナリ又戸數割ノ納税義務者カ納税義務ヲ消滅セスシテ府縣内ノ市町村間ニ轉居シタル場合從來居住ノ市町村ニ在リテハ市町村税戸數割附加税ノ納税義務消滅シ新ニ居住ノ市町村ニ在リテハ市町村税戸數割附加税ノ納税義務發生スルモ此場合ニハ兩市町村間ニ重複課税ヲ生セシメサル樣從前居住ノ市町村ハ納税義務消滅ノ月迄月割徵收シ其ノ既ニ徵税令書ヲ發シタルモノハ之ヲ變更セスト爲シ新ニ居住ノ市町村ハ前市町村ニ於テ賦課ヲ

受ケサリシ部分ノミ賦課スルノ趣旨ヲ以テ賦課方法ヲ定ムル等重複課税ヲ避クルコトニ留意スルヲ要ス戸數割ヲ追加賦課シタルトキハ附加税ハ當然追加賦課スヘキモノナリヤ否ヤハ從來屢問題ト爲リタルモ附加税ノ課率ヲ定ムトキ通常豫算ノ戸數割ニ附加スルノ趣旨ヲ以テシタルモノハ追加賦課ノ戸數割ニ當然附加スヘキモノト爲スハ妥當ナラス

【行政判例】

○長野縣縣税賦課徴收規則ニ依レハ戸數割前期分ハ四月一日ヨリ九月三十日迄ノ間ニ於ケル構戸ノ事實ヲ基礎トシ其ノ後期分ハ十月一日ヨリ翌年三月三十一日迄ノ間ニ於ケル構戸ノ事實ヲ基礎トシテ各別ニ賦課スル趣旨ナルコト明カナルヲ以テ九月三十日以前ニ同縣内ニ於テ甲村ヨリ乙村ニ移轉シタル者ニ對スル該税後半期分ハ乙村ニ於ケル構戸ノ事實ヲ基礎トシテ賦課スルモノト解セサルヲ得ス而シテ村税戸別割ハ其ノ村内ニ戸ヲ構フルコトニ依リ賦課セラルル縣税戸數割ニ對シテノミ附加シ得ヘキモノナルカ故ニ右ノ場合ニ於テ乙村ハ縣税戸數割後半期分ノ

附加税タル村税戸別割ヲ賦課シ得ヘキモ甲村ハ之ヲ賦課スルコトヲ得サルモノトス（二年一八八號三年三月十六日宣告）

○町税戸數割附加税ハ單身他人ノ家ニ止宿スル者ニ之ヲ賦課スルコトヲ得ス縣税戸數割ノ賦課ト之カ附加税ノ賦課トハ各別箇ノ處分ニシテ共ニ構戸ノ事實ヲ要件トスルモノナリ（三年一五三號三年九月三十日宣告）

○單ニ本税タル縣税戸數割ヲ納付シタリトノ事實ヲ以テ附加税ノ賦課ニ對スル異議ノ申立ヲ除斥スルノ理由ト爲スコトヲ得ス（三年一五三號三年九月三十日宣告）

○町村制第九十九條及第百條ハ土地家屋物件ヲ賦課標準ト爲シタル縣税戸數割ノ附加税タル村税ノ賦課ニ關係ナキモノナリ（四年二八號四年四月十九日宣告）

○市會カ特定ノ縣税豫算ヲ標準トシテ附加税ノ賦課率ヲ議決シタリト認ムヘキ場合ニ於テハ其ノ賦課率ハ當然該縣税ノ追加ニ適用スルコトヲ得サルモノトス（五年一五九號五年十一月一日宣告）

○村住民タルヤ否ニ拘ハラス其村內ニ構戸ノ事實アル者ハ村税戸數割附加税ノ賦課ヲ免ルコトヲ得ス（五年二二九號六年六月四日宣告）

○戸ヲ構フル事實ナキ者ニ對シテ爲シタル縣稅戸數割ノ附加村稅賦課ハ違法ナリ（六年六號六年十月三日宣告）

○縣稅戸數割賦課ノ當時村内ニ戸ヲ構ヘ居リ從テ縣稅ノ賦課違法ニアラサル場合ニハ之ニ附加シタル村稅戸數割附加稅ノ賦課亦違法ニアラス（六年一八一號七年六月十二日宣告）

○或ル年度ノ縣稅戸數割及ヒ附加稅タル村稅戸別割ノ納稅義務アル者ノ戸別割ノ稅額ハ本稅タル戸數割其ノモノノ其ノ年度ノ稅額ニ一定ノ稅率ヲ乘シテ之ヲ定ムヘキモノニシテ其ノ者ノ財産ノ有無職業ノ有無等ヲ標準トシテ之ヲ定ムヘキモノニアラス（八年七〇號八年四月二十四日宣告）

○戸數割ノ稅額ニ關スル不服ノ事由ハ之ヲ以テ戸別割ノ稅額ニ對スル不服ノ事由ト爲スコトヲ得サルモノトス（同　上）

（附　錄）

●府縣稅戸數割規則施行ニ關スル件依命通牒（大正十年三月十日發乙第八號地方主稅兩局長）

曩ニ府縣稅戸數割規則並ニ同施行細則發布相成候處該規則施行上ニ付テハ左記事項御承知置相成度

記

一　規則第一條第二項、第三條、第四條、第五條、第九條第二項及第十二條ノ場合ニ於テハ府縣會ノ議決ヲ要スルコト勿論ナレトモ、賦課ノ細目ニ係ル事項ハ市町村會ノ決議ニ付スル樣措置シ差支ナキコト

二　規則第四條第二項ニ特別ノ事情アルトキハ同條第一項ノ配當標準ニ依リ配當額ヲ定メ且同項但書ノ割合ニ從フトキハ各市町村ニ對スル配當ノ衡平ヲ缺キ又ハ從來ノ市町村配當額ニ對シテ激變ヲ生スル場合等ニ有之、之カ爲特別ナル標準ヲ設ケテ配當ヲナサントスル場合又ハ第四條第一項但書ノ割合ニ依ラスシテ配當ヲナサントスル場合ニハ其ノ事由ヲ詳具シ毎年許可禀請ヲナスコト

三　市町村ニ對スル戸數割ノ配當手續ハ賦課規則中ニ規定シ一定ノ期日ニ配當ヲ示達スルコト

四　規則第三條ニ於テ資力ヲ算定スルニ當リ納税義務者ノ資産ノ狀況ヲ斟酌スルヲ得ル規定ヲ設ケタルハ從來ノ所謂見立割カ其ノ運用宜シキヲ得レハ負擔ノ衡平ヲ保ツ所以ノ途ナルニ鑒ミ或範圍ニ於テ見立割ヲナスコトヲ得シメタルモノナレハ市町村カ資産ノ狀況ヲ斟酌シテ課税セ

ントスル場合ニ於テハ能ク其趣旨ニ則リ苟モ之カ利用ヲ誤リテ負擔不均衡ノ結果ヲ惹起スルコトナキ様監督セラレ度キコト

五　廐舍堆肥舍等農業專用ノ建物若ハ其ノ部分又ハ商品陳列所、商品貯藏庫、醸造場、工場製造場等營業專用ノ建物若ハ其ノ部分ニ屬スル坪數ハ勿論資力算定ノ標準タル住家及其ノ附屬建物ノ坪數ニ算入スヘキモノニ非サルコト

六　規則第十二條ニヨリ戸數割納付ノ資力ナキ特別ノ事情アル者ニ關シ賦課規則ニ規定ヲナス場合ニ於テハ一定ノ條件ヲ明記スルヲ要スル義ニ有之戸數割ヲ課税セサルモノノ認定ヲ市町村會ノ議決ニ委任スルハ妥當ナラサルコト

七　規則第十三條ニ依リ市町村長カ通報義務ヲ有スル所得ノ範圍ハ其ノ市町村住民ニ非サルモノカ當該市町村ニ於テ土地家屋物件ヲ所有シ又ハ營業所ヲ定メテ營業ヲナシ依テ以テ生スル所得ニ有之此ノ通報ハ他市町村會ノ賦課決議ノ遲速ニ至大ノ關係ヲ有スルヲ以テ其期限ヲ嚴守スル様督勵セラレ度キコト

八　規則第十三條ノ但書ノ適用上戸數割ヲ施行セサル市町村名ハ豫メ之ヲ周知シ置クノ必要ア

ルニ依リ毎年相當ノ時期ニ於テ右ニ該當スル市町村名ヲ各府縣間相互ニ通報シ周知ヲ計ルコト

九　規則第十四條ノ制限外課税ヲ爲サントスル場合ニ於テハ各國税附加税ハ所定ノ制限率迄之ヲ賦課シタルコトヲ要スルハ勿論ノ義ニ有之又右許可稟請ニ付テハ府縣ハ當該年度豫算書及別紙樣式ノ調書市町村ハ明治四十三年六月一日内務省訓第二九一號市區町村其他公共團體ニ於ケル課税等ニ關スル議決ノ許可稟請ニ添付スヘキ書類調製樣式ノ件訓令ニ準シ調製シタル書類添付ノコト（内務省訓第二九一號書類調製樣式ハ地方制度輯攬二四八頁參照）

戸數割制限外課税參考書

種目	「甲」年度	「乙」年度	備考
府縣税總額	円	円	
戸數割税額	円	円	
家屋税額	円	円	
府縣税總額ニ對スル戸數割（及家屋税）税額ノ百分比			
戸數割納税者一人當	厘	厘	

地租割課率　宅地	厘	厘
地租割課率　其他	厘	厘
營業税附加税課率	厘	厘
所得税附加税課率	厘	厘

備考

一　當初制限外課税ノ稟請ヲ爲サントスルトキハ「甲」年度欄ニハ前年度ノ當初豫算ニ依リ相當欄ニ記入スヘシ

一　「乙」年度欄ニハ稟請ヲ爲サントスル年度ノ豫算ニ依リ相當欄ニ記載スヘシ尚同一年度內ニ於テ數度稟請ヲ爲サントスルトキハ二回目以後ハ稟請當時ノ現在ニ依リ記入スヘシ

一　同一年度內ニ於テ數度制限外ノ稟請ヲ爲サントスルトキ二回目ニ於テハ「甲」年度欄ノ記載ヲ要セス

【行政實例】

(一)　戸數割規則第十四條第一號中府縣税豫算總額ニハ都市計畫ノ特別税ヲモ包含ス(十一年一月九日)

(二)　地方税制限法第五條ノ適用ヲ受クル場合及特別税ヲ新設スル場合ニ於テハ戸數割規則第十四條第一號ノ制限ニ達スルコトヲ要件トセス(同上)

◉府縣稅戶數割ノ課稅標準タル所得ノ調査ニ關スル件通牒（大正十一年五月二日地發乙第六二號地方局長）

府縣稅戶數割ノ賦課ニ關シ所得算定ノ資料トシテ所得稅納稅者ノ所得及其內容ニ就キ府縣郡又ハ市町村ヨリ要求アリタルトキハ稅務署ニ於テ可及的便宜ヲ與フルコトニ大藏省ト協議濟ニ付此旨市町村ニ御示達相成度此段爲念

追テ稅務署ヨリ所得調査上ニ關シ要求アリタルトキモ亦可成便宜ヲ與ヘラレ候樣併テ御示達相成度

大正十一年三月二十八日印刷
大正十一年三月三十一日發行
大正十一年四月十日再版發行
大正十一年四月二十日三版發行
大正十一年四月二十八日增補四版發行

戸數割規則正義奥付

定價金八拾錢

著作者　近藤行太郎

發行者　河中俊四郎
東京市小石川區小日向臺町一丁目十四番地

印刷者　鷲見九市
東京市牛込區市ケ谷加賀町一丁目十二番地

印刷所　株式會社秀英舍
東京市牛込區市ケ谷加賀町一丁目十二番地

發兌元
東京市小石川區小日向臺町一丁目十四番地
良書普及會
振替口座東京六四四九番

地方自治法研究復刊大系〔第247巻〕

戸数割規則正義〔大正11年 増補4版〕

日本立法資料全集 別巻 1057

2018(平成30)年6月25日　復刻版第1刷発行　7657-2:012-010-005

校　正　田中廣太郎
著　者　近藤行太郎
発行者　今井　貴
　　　　稲葉文子
発行所　株式会社信山社
〒113-0033 東京都文京区本郷6-2-9-102東大正門前
Ⓣ03(3818)1019　Ⓕ03(3818)0344
来栖支店〒309-1625 茨城県笠間市来栖2345-1
Ⓣ0296-71-0215　Ⓕ0296-72-5410
笠間才木支店〒309-1611 笠間市笠間515-3
Ⓣ0296-71-9081　Ⓕ0296-71-9082
印刷所　ワイズ書籍
製本所　カナメブックス
用　紙　七洋紙業

printed in Japan　分類 323.934 g 1057

ISBN978-4-7972-7657-2 C3332 ¥22000E

広中俊雄 編著　〔協力〕大村敦志・岡孝・中村哲也

日本民法典資料集成

第一巻　民法典編纂の新方針

【目　次】

来栖三郎著作集Ⅰ～Ⅲ

《解説》安達三季生・池田恒男・岩城謙二・清水誠・須永醇・瀬川信久・田島裕・利谷信義・唄孝一・久留都茂子・三藤邦彦・山田卓生

信山社

日本立法資料全集 別巻

地方自治法研究復刊大系

市町村執務要覧 全 第一分冊〔明治42年6月発行〕／大成会編輯局 編輯
市町村執務要覧 全 第二分冊〔明治42年6月発行〕／大成会編輯局 編輯比較研究
自治要義 明治43年再版〔明治43年3月発行〕／井上友一 著
自治之精髄〔明治43年4月発行〕／水野錬太郎 著
市制町村制講義 全〔明治43年6月発行〕／秋野沆 著
改正 市制町村制講義 第4版〔明治43年6月発行〕／土清水幸一 著
地方自治の手引〔明治44年3月発行〕／前田宇治郎 著
新旧対照 市制町村制 及 理由 第9版〔明治44年4月発行〕／荒川五郎 著
改正 市制町村制 附 改正要義〔明治44年4月発行〕／田山宗堯 編輯
改正 市町村制問答説明 明治44年初版〔明治44年4月発行〕／一木千太郎 編纂
改正 市制町村制〔明治44年4月発行〕／田山宗堯 編輯
旧制対照 改正市町村制 附 改正理由〔明治44年5月発行〕／博文館編輯局 編
改正 市制町村制〔明治44年5月発行〕／石田忠兵衛 編輯
改正 市制町村制詳解〔明治44年5月発行〕／坪谷善四郎 著
改正 市制町村制註釈〔明治44年5月発行〕／中村文城 註釈
改正 市制町村制正解〔明治44年6月発行〕／武知彌三郎 著
改正 市町村制講義〔明治44年6月発行〕／法典研究会 著
新旧対照 改正 市制町村制新釈 明治44年初版〔明治44年6月発行〕／佐藤貞雄 編纂
改正 町村制詳解〔明治44年8月発行〕／長峰安三郎 三浦通太 野田千太郎 著
新旧対照 市制町村制正文〔明治44年8月発行〕自治館編輯局 編纂
地方革新講話〔明治44年9月発行〕西内天行 著
改正 市制町村制釈義〔明治44年9月発行〕／中川健蔵 宮内國太郎 他 著
改正 市制町村制正解 附 施行諸規則〔明治44年10月発行〕／福井淳 著
改正 市制町村制講義 附 施行諸規則 及 市町村事務摘要〔明治44年10月発行〕／樋山廣業 著
新旧比照 改正市制町村制註釈 附 改正北海道二級町村制〔明治44年11月発行〕／植田鹽惠 著
改正 市町村制 並 附属法規〔明治44年11月発行〕／楠綾雄 編輯
改正 市制町村制精義 全〔明治44年12月発行〕／平田東助 題字 梶康郎 著述
改正 市制町村制義解〔明治45年1月発行〕／行政法研究会 講述 藤田謙堂 監修
増訂 地方制度之栞 第13版〔明治45年2月発行〕／警眼社編集部 編纂
地方自治 及 振興策〔明治45年3月発行〕／床次竹二郎 著
改正 市制町村制正解 附 施行諸規則 第7版〔明治45年3月発行〕福井淳 著
改正 市制町村制講義 全 第4版〔明治45年3月発行〕秋野沆 著
増訂 農村自治之研究 大正2年第5版〔大正2年6月発行〕／山崎延吉 著
自治之開発訓練〔大正元年6月発行〕／井上友一 著
市制町村制逐條示解〔初版〕第一分冊〔大正元年9月発行〕／五十嵐鑛三郎 他 著
市制町村制逐條示解〔初版〕第二分冊〔大正元年9月発行〕／五十嵐鑛三郎 他 著
改正 市町村制問答説明 附 施行細則 訂正増補3版〔大正元年12月発行〕／平井千太郎 編纂
改正 市制町村制註釈 附 施行諸規則〔大正2年3月発行〕／中村文城 註釈
改正 市町村制正文 附 施行法〔大正2年5月発行〕／林甲子太郎 編輯
増訂 地方制度之栞 第18版〔大正2年6月発行〕／警眼社 編集 編纂
改正 市制町村制詳解 附 関係法規 第13版〔大正2年7月発行〕／坪谷善四郎 著
改正 市制町村制 第5版〔大正2年7月発行〕／修学堂 編
細密調査 市町村便覧 附 分類官公衙公私学校銀行所在地一覧表〔大正2年10月発行〕／白山榮一郎 監修 森田公美 編著
改正 市制 及 町村制 訂正10版〔大正3年7月発行〕／山野金蔵 編輯
市制町村制正義〔第3版〕第一分冊〔大正3年10月発行〕／清水澄 末松偕一郎 他 著
市制町村制正義〔第3版〕第二分冊〔大正3年10月発行〕／清水澄 末松偕一郎 他 著
改正 市制町村制 及 附属法令〔大正3年11月発行〕／市町村雑誌社 編著
以呂波引 町村便覧〔大正4年2月発行〕／田山宗堯 編輯
改正 市制町村制講義 第10版〔大正5年6月発行〕／秋野沆 著
市制町村制実例大全〔第3版〕第一分冊〔大正5年9月発行〕／五十嵐鑛三郎 著
市制町村制実例大全〔第3版〕第二分冊〔大正5年9月発行〕／五十嵐鑛三郎 著
市町村名辞典〔大正5年10月発行〕／杉野耕三郎 編
市町村吏員提要 第3版〔大正6年12月発行〕／田邊好一 著
改正 市制町村制と衆議院議員選挙法〔大正6年2月発行〕／服部喜太郎 編輯
新旧対照 改正 市制町村制新釈 附 施行細則 及 執務條規〔大正6年5月発行〕／佐藤貞雄 編纂
増訂 地方制度之栞 大正6年第44版〔大正6年5月発行〕／警眼社編輯部 編纂
実地応用 町村制問答 第2版〔大正6年7月発行〕／市町村雑誌社 編纂
帝国市町村便覧〔大正6年9月発行〕／大西林五郎 編
地方自治講話〔大正7年12月発行〕／田中四郎左右衛門 編輯
最近検定 市町村名鑑 附 官国幣社及諸学校所在地一覧〔大正7年12月発行〕／藤澤衛彦 著
農村自治之研究 明治41年再版〔明治41年10月発行〕／山崎延吉 著
市制町村制講義〔大正8年1月発行〕／樋山廣業 著

信山社

日本立法資料全集 別巻

地方自治法研究復刊大系

参照比較 市町村制註釈 完 附 問答理由〔明治22年6月発行〕／山中兵吉 著述
市町村議員必携〔明治22年6月発行〕／川瀬周次 田中迪三 合著
参照比較 市町村制註釈 完 附 問答理由 第2版〔明治22年6月発行〕／山中兵吉 著述
自治新制 市町村会法要談 全〔明治22年11月発行〕／高嶋正載 著述 田中重策 著述
国税 地方税 市町村税 滞納処分法問答〔明治23年5月発行〕／竹尾高堅 著
日本之法律 府県制郡制正解〔明治23年5月発行〕／宮川大壽 編輯
府県制郡制註釈〔明治23年6月発行〕／田島彦四郎 註釈
日本法典全書 第一編 府県制郡制註釈〔明治23年6月発行〕／坪谷善四郎 著
府県制郡制義解 全〔明治23年6月発行〕／北野竹次郎 編著
市町村役場実用 完〔明治23年7月発行〕／福井淳 編纂
市町村制実務要書 上巻 再版〔明治24年1月発行〕／田中知邦 編纂
市町村制実務要書 下巻 再版〔明治24年3月発行〕／田中知邦 編纂
米国地方制度 全〔明治32年9月発行〕／板垣退助 序 根本正 纂訳
公民必携 市町村制実用 全 増補第3版〔明治25年3月発行〕／進藤彬 著
訂正増補 議制全書 第3版〔明治25年4月発行〕／岩藤良太 編纂
市町村制実務要書続編 全〔明治25年5月発行〕／田中知邦 著
地方學事法規〔明治25年5月発行〕／鶴鳴社 編
増補 町村制執務備考 全〔明治25年10月発行〕／増澤鐵 國吉拓郎 同輯
町村制執務要録 全〔明治25年12月発行〕／鷹巣清二郎 編輯
府県制郡制便覧 明治27年初版〔明治27年3月発行〕／須田健吉 編輯
郡市町村吏員 収税実務要書〔明治27年11月発行〕／荻野千之助 編纂
改訂増補鼇頭参照 市町村制講義 第9版〔明治28年5月発行〕／蟻川堅治 講述
改正増補 市町村制実務要書 上巻〔明治29年4月発行〕／田中知邦 編纂
市町村制詳解 附 理由書 改正再版〔明治29年5月発行〕／島村文耕 校閲 福井淳 著述
改正増補 市町村制実務要書 下巻〔明治29年7月発行〕／田中知邦 編纂
府県制 郡制 町村制 新税法 公民之友 完〔明治29年8月発行〕／内田安蔵 五十野譲 著述
市制町村制註釈 附 市制町村制理由 第14版〔明治29年11月発行〕／坪谷善四郎 著
府県制郡制註釈〔明治30年9月発行〕／岸本辰雄 校閲 林信重 註釈
市町村新旧対照一覧〔明治30年9月発行〕／中村芳松 編輯
町村至宝〔明治30年9月発行〕／品川彌二郎 題字 元田肇 序文 桂虎次郎 編纂
市制町村制應用大全 完〔明治31年4月発行〕／島田三郎 序 大西多典 編纂
傍訓註釈 市制町村制 並ニ 理由書〔明治31年12月発行〕／筒井時治 著
改正 府県郡制問答講義〔明治32年4月発行〕／木内英雄 編纂
改正 府県制郡制正文〔明治32年4月発行〕／大塚宇三郎 編纂
府県制郡制〔明治32年4月発行〕／徳田文雄 編輯
郡制府県制 完〔明治32年5月発行〕／魚住嘉三郎 編輯
参照比較 市町村制註釈 附 問答理由 第10版〔明治32年6月発行〕／山中兵吉 著述
改正 府県制郡制註釈 第2版〔明治32年6月発行〕／福井淳 著
府県制郡制釈義 全 第3版〔明治32年7月発行〕／栗本勇之助 森惣之祐 同著
改正 府県制郡制註釈 第3版〔明治32年8月発行〕／福井淳 著
地方制度通 全〔明治32年9月発行〕／上山満之進 著
市町村新旧対照一覧 訂正第五版〔明治32年9月発行〕／中村芳松 編輯
改正 府県制郡制 並 関係法規〔明治32年9月発行〕／鷲見金三郎 編纂
改正 府県制郡制釈義 再版〔明治32年11月発行〕／坪谷善四郎 著
改正 府県制郡制釈義 第3版〔明治34年2月発行〕／坪谷善四郎 著
再版 市町村制例規〔明治34年11月発行〕／野元友三郎 編纂
地方制度実例総覧〔明治34年12月発行〕／南浦西郷侯爵 題字 自治館編集局 編纂
傍訓 市制町村制註釈〔明治35年3月発行〕／福井淳 著
地方自治提要 全〔明治35年5月発行〕／木村時義 校閲 吉武則久 編纂
市制町村制釈義〔明治35年6月発行〕／坪谷善四郎 著
帝国議会 府県会 郡会 市町村会 議員必携 附 関係法規 第一分冊〔明治36年5月発行〕／小原新三 口述
帝国議会 府県会 郡会 市町村会 議員必携 附 関係法規 第二分冊〔明治36年5月発行〕／小原新三 口述
地方制度実例総覧〔明治36年8月発行〕／芳川顯正 題字 山脇玄 序文 金田謙 著
市町村是〔明治36年11月発行〕／野田千太郎 編纂
市制町村制釈義 明治37年第4版〔明治37年6月発行〕／坪谷善四郎 著
府県郡市町村 模範治績 附 耕地整理法 産業組合法 附属法例〔明治39年2月発行〕／荻野千之助 編輯
自治之模範〔明治39年6月発行〕／江木翼 編
改正 市制町村制〔明治40年6月発行〕／辻本末吉 編輯
実用 北海道郡区町村案内 全 附 里程表 第7版〔明治40年9月発行〕／廣瀬清澄 著述
自治行政例規 全〔明治40年10月発行〕／市町村雑誌社 編著
改正 府県制郡制要義 第4版〔明治40年12月発行〕／美濃部達吉 著
判例挿入 自治法規全集 全〔明治41年6月発行〕／池田繁太郎 著

信山社

日本立法資料全集 別巻

地方自治法研究復刊大系

仏蘭西邑法 和蘭邑法 皇国郡区町村編制法 合巻〔明治11年8月発行〕／箕作麟祥 閲 大井憲太郎 譯／神田孝平 譯
郡区町村編制法 府県会規則 地方税規則 三法綱論〔明治11年9月発行〕／小笠原美治 編輯
郡吏議員必携三新法便覧〔明治12年2月発行〕／太田啓太郎 編輯
郡区町村編制 府県会規則 地方税規則 新法例纂〔明治12年3月発行〕／柳澤武運三 編輯
全国郡区役所位置 郡政必携 全〔明治12年9月発行〕／木村陸一郎 編輯
府県会規則大全 附 裁定録〔明治16年6月発行〕／朝倉達三 閲 若林友之 編輯
区町村会議要覧 全〔明治20年4月発行〕／阪田辨之助 編纂
英国地方制度 及 税法〔明治20年7月発行〕／良保両氏 合著 水野遵 翻訳
鼇頭傍訓 市制町村制註釈 及 理由書〔明治21年1月発行〕／山内正利 註釈
英国地方政治論〔明治21年2月発行〕／久米金彌 翻譯
市制町村制 附 理由書〔明治21年4月発行〕／博聞本社 編
傍訓 市町村制及説明〔明治21年5月発行〕／高木周次 編纂
鼇頭註釈 市町村制俗解 附 理由書 第2版〔明治21年5月発行〕／清水亮三 註解
市制町村制註釈 完 附 市制町村制理由 明治21年初版〔明治21年5月発行〕／山田正賢 著述
市町村制詳解 全 附 市町村制理由〔明治21年5月発行〕／日鼻豊作 著
市制町村制釈義〔明治21年5月発行〕／壁谷可六 上野太一郎 合著
市制町村制詳解 全 附 理由書〔明治21年5月発行〕／杉谷庸 訓點
町村制詳解 附 市制及町村制理由〔明治21年5月発行〕／磯部四郎 校閲 相澤富蔵 編述
傍訓 市制町村制 附 理由〔明治21年5月発行〕／鶴聲社 編
市制町村制 並 理由書〔明治21年7月発行〕／萬字堂 編
市制町村制正解 附 理由〔明治21年6月発行〕／芳川顯正 序文 片貝正晉 註解
市制町村制釈義 附 理由書〔明治21年6月発行〕／清岡公張 題字 樋山廣業 著述
市制町村制釈義 附 理由 第5版〔明治21年6月発行〕／建野郷三 題字 櫻井一久 著
市町村制註解 完〔明治21年6月発行〕／若林市太郎 編輯
市町村制釈義 全 附 市町村制理由〔明治21年7月発行〕／水越成章 著述
市制町村制義解 附 理由〔明治21年7月発行〕／三谷軌秀 馬袋鶴之助 著
傍訓 市制町村制註解 附 理由書〔明治21年8月発行〕／鯰江貞雄 註解
市制町村制註釈 附 市制町村制理由 3版増訂〔明治21年8月発行〕／坪谷善四郎 著
傍訓 市制町村制 附 理由書〔明治21年8月発行〕／同盟館 編
市町村制正解 明治21年第3版〔明治21年8月発行〕／片貝正晉 註釈
市制町村制註釈 完 附 市制町村制理由 第2版〔明治21年9月発行〕／山田正賢 著述
傍訓註釈 日本市制町村制 及 理由書 第4版〔明治21年9月発行〕／柳澤武運三 註解
鼇頭参照 市町村制註解 完 附 理由書及参考諸令〔明治21年9月発行〕／別所富貴 著述
市町村制問答詳解 附 理由書〔明治21年9月発行〕／福井淳 著
市制町村制註釈 附 市制町村制理由 4版増訂〔明治21年9月発行〕／坪谷善四郎 著
市制町村制 並 理由書 附 直接間接税類別 及 実施手続〔明治21年10月発行〕／高崎修助 著述
市町村制釈義 附 理由書 訂正再版〔明治21年10月発行〕／松木堅葉 訂正 福井淳 釈義
増訂 市制町村制註解 全 附 市制町村制理由挿入 第3版〔明治21年10月発行〕／吉井太 註解
鼇頭註釈 市町村制俗解 附 理由書 増補第5版〔明治21年10月発行〕／清水亮三 註解
市町村制施行取扱心得 上巻・下巻 合冊〔明治21年10月・22年2月発行〕／市岡正一 編纂
市制町村制傍訓 完 附 市制町村制理由 第4版〔明治21年10月発行〕／内山正如 著
鼇頭対照 市町村制解釈 附理由書及参考諸布達〔明治21年10月発行〕／伊藤寿 註釈
市制町村制俗解 明治21年第3版〔明治21年10月発行〕／春陽堂 編
市町村制正解 明治21年第4版〔明治21年10月発行〕／片貝正晉 註釈
市制町村制詳解 附 理由 第3版〔明治21年11月発行〕／今村長善 著
町村制実用 完〔明治21年11月発行〕／新田貞橘 鶴田嘉内 合著
町村制精解 完 附 理由書 及 問答録〔明治21年11月発行〕／中目孝太郎 磯谷群爾 註釈
市町村制問答詳解 附 理由 全〔明治22年1月発行〕／福井淳 著述
訂正増補 市町村制問答詳解 附 理由 及 追輯〔明治22年1月発行〕／福井淳 著
市町村制質問録〔明治22年1月発行〕／片貝正晉 編述
傍訓 市町村制 及 説明 第7版〔明治21年11月発行〕／高木周次 編纂
町村制要覧 全〔明治22年1月発行〕／浅井元 校閲 古谷省三郎 編纂
鼇頭 市制町村制 附 理由書〔明治22年1月発行〕／生稲道蔵 略解
鼇頭註釈 町村制 附 理由 全〔明治22年2月発行〕／八乙女盛次 校閲 片野続 編釈
市町村制実解〔明治22年2月発行〕／山田顕義 題字 石黒磐 著
町村制実用 全〔明治22年3月発行〕／小島鋼次郎 岸野武司 河毛三郎 合述
実用詳解 町村制 全〔明治22年3月発行〕／夏目洗蔵 編集
理由挿入 市町村制俗解 第3版増補訂正〔明治22年4月発行〕／上村秀昇 著
町村制市制全書 完〔明治22年4月発行〕／中嶋廣蔵 著
英国市制実見録 全〔明治22年5月発行〕／高橋達 著
実地応用 町村制質疑録〔明治22年5月発行〕／野田籐吉郎 校閲 國吉拓郎 著
実用 町村制市制事務提要〔明治22年5月発行〕／島村文耕 輯解
市町村条例指鍼 完〔明治22年5月発行〕／坪谷善四郎 著

信山社